Gitta Schmidt

Sonnenwirbel für den König

Kräutermärchen

illustriert und gestaltet von

Bettina Buresch

Wichtiger Hinweis
Die Steckbriefe der Pflanzen dienen der Aufklärung, Information und Selbsthilfe. Alle Angaben wurden sorgfältig geprüft, dennoch können Autorin und Verlag keine Gewähr für deren Richtigkeit übernehmen. Jede Leserin und jeder Leser ist aufgefordert in eigener Verantwortung zu entscheiden, ob und inwieweit sie/er Zubereitungen daraus anwendet. Das Buch kann medizinischen Rat nicht ersetzen. Im Zweifelsfall oder bei bereits bestehender Erkrankung muss für eine korrekte Diagnose und entsprechende Behandlung stets ein Arzt, ein Heilpraktiker oder eine andere qualifizierte Fachperson zugezogen werden.

ISBN 978-3-9811304-2-3

Nesso 8, 87487 Wiggensbach
Fax 0049 (0) 8370 8896
www.stadelmann-verlag.de
E-Mail: bestellung@stadelmann-verlag.de

Umschlaggestaltung und Illustration: Bettina Buresch, Schongau
Lektorat: Danielle Flemming, Pfungstadt
Satz: Bettina Buresch, Schongau
Druck und Bindung: Kösel, Krugzell

Gedruckt in Deutschland auf umweltfreundlich hergestelltem Bilderdruckpapier (säurefrei und chlorfrei gebleicht)

Für Hubertus, Nicolai und Kasimir
sowie für die Hauptfiguren dieses Buches,
die mir ihre Geschichte erzählten.

Geleitworte zur ersten Auflage

Geleitwort für Gitta

Was für eine Freude, für solch ein reizendes Werk ein Geleitwort schreiben zu dürfen. Und ganz unschuldig bin ich ja nicht am Entstehen von Gitta Schmidts Kräutermärchen – sind die ersten doch im Rahmen ihrer Ausbildung zur Heilpflanzenexpertin an der Freiburger Heilpflanzenschule entstanden. Frau Schmidts liebevolle, feinsinnige Art voller Sachverstand machen das Lesen zu einem Genuss, man spürt ihre Liebe und Vertrautheit zur grünen Welt. Zusätzlich gibt es wie ein I-Tüpfelchen eine Fülle an bereichernden Informationen, so dass Märchenfreunde ganz nebenher zu Pflanzenfreunden und -kennern werden: So macht auch Lernen Spaß!

Ich wünsche den Leserinnen und Lesern genussvolle Mußestunden und Gitta Schmidt von Herzen alles Gute auf ihrem Pflanzenweg: carpe florem.

Freiburg, 22. Juli 2007, in sehr freundschaftlicher Verbundenheit

Ursel Bühring

Ursel Bühring, Leiterin der Freiburger Heilpflanzenschule

Zum Geleit

„Wer keine Träume mehr hat, kann sich auch nicht mehr verzaubern lassen und wer keinen Herzenswunsch mehr in sich trägt, kann ihn auch nicht erfüllt bekommen“: Diese Worte der Weisheit werden von einem schlichten Gras ausgesprochen, in einem von Gitta Schmidts Kräutermärchen.

Gitta Schmidt gibt in ihrem bezaubernden Märchenbuch dem Tausendgüldenkraut eine Geschichte, sie lässt das Johanniskraut sprechen, die Wegwarte und der Löwenzahn verschwistern sich. Der Leser wird in eine Traumwelt entführt, in welcher Schattenelfen schweben und Pflanzen ein Eigenleben entwickeln, das alle botanischen Klassifizierungen übersteigt.

Zum besonderen Reiz dieser Kräutermärchen gehört das kunstvolle Ineinandergreifen von Traum und Realität, von Märchenerzählung und direkt nachvollziehbaren Anweisungen. Jeder Pflanze wird ein Steckbrief gewidmet, sorgfältig wird über Inhaltsstoffe, Wirkungen, Indikationen, Darreichungsformen und Zubereitung gesprochen. Und so lesen wir denn, dass die Zaubernuss der Lieblingsstrauch der Engel ist, erfahren aber gleichzeitig, dass die Zaubernuss/Hamamelis virginiana L. unter anderem für eine heilsame Teezubereitung verwendet werden kann.

„Als das Johanniskraut nun auch noch seine Seele erkannte, war es so voller Glückseligkeit, dass es mit einem Male genau wusste, was seine Stärke war“: Gitta Schmidts Kräutermärchen berühren die Seele. Ein Buch zum Gernhaben, das nicht nur Kinder, sondern auch Erwachsene in die entzückende und geheimnisvolle Pflanzenwelt entführt. Liebe Gitta, herzlichen Dank und ein großes Kompliment für diese beglückende Lektüre.

B. Vonarburg

Bruno Vonarburg, Naturarzt in Teufen

Inhalt

Sonnenwirbel für den König

Der Löwenzahn

Die Sonne hatte sich etwas Besonderes ausgedacht für die Zeit der Übergänge im Jahr, den Frühling und den Herbst. In diesen Jahreszeiten breitete sich die Nacht noch sehr stark aus und hüllte die Erde die längste Zeit in ein schwarzes Gewand oder in diffuses Dämmerlicht. Doch die kleinen Zwerge mussten etwas sehen, sie standen schon früh am Morgen auf und arbeiteten bis zum späten Abend. In jener Zeit nämlich dienten sie den Menschen. Sie verrichteten jede unliebsame Arbeit, waren fleißig und beschwerten sich nie. Einzig im Winter ruhten sie ein wenig aus und arbeiteten nur im Licht des Tages. Doch die Zwerge waren noch für etwas anderes bestimmt. Sie sollten etwas herausfinden, das für die ganze Menschheit sehr nützlich sein würde. Aber darüber wird später berichtet werden.

Um die Tage auch im Frühling und im Herbst etwas zu verlängern wollte sich die Sonne etwas einfallen lassen und so versuchte sie, in die langen Nächte etwas Licht zu zaubern. Im Frühling schickte sie deshalb ihre Sonnenwirbel auf die Erde, leuchtend gelbe Pflanzen, die auch im Herbst wieder zu blühen begannen. Diese hellen Blütenköpfe, mit ihren rosettenartig angeordneten Blättern, Pusteblume oder Löwenzahn genannt, erhellten den Zwergen den Weg im Wechsel der Jahreszeiten, denn gerade in der Nacht und in der Dämmerung war ihre Leuchtkraft am stärksten. Erst im Sommer, wenn die Sonne selbst länger am Himmelszelt stand, hörten die Sonnenwirbel zu blühen auf. Die Früchte der Pflanze wurden mit einem Schirmchen ausgestattet und so verteilten sie sich luftig leicht im ganzen Land.

Das Leuchten war bisher die einzige Aufgabe der Sonnenwirbel gewesen, bis zu jenem Abend, an dem die Zwerge eine Entdeckung machten, die für das ganze Menschengeschlecht von großer Bedeutung werden sollte.

Der König, bei dem einige Zwerge in Diensten standen, war wieder einmal übellaunig und leidend gewesen. Seit Tagen drückte ihn sein Bauch und es gelang ihm nicht, sich auf dem stillen Örtchen Erleichterung zu verschaffen. Er litt an schlechter Verdauung und an Verstopfung. Zu allem Übel pflegte er abends noch Salat zu speisen, der bekanntermaßen zu so später Stunde schlecht verdaulich ist und somit wenig förderlich für sein Leiden war.

An besagtem Abend waren die grünen Salatblätter im Garten fast vollständig zur Neige gegangen. Da standen die Zwerge nun und beratschlagten sich, wie sie wohl ihren Herrn zufrieden stellen könnten, denn dieser war nicht gewillt, auf seine abendliche Gewohnheit zu verzichten. Da ein wenig Salat noch übrig war, meinten die Zwerge schließlich, er solle sich doch mit der halben Portion zufrieden geben, da ihm der Salat ja ohnehin nicht gut bekäme.
Der König wurde über diesen dreisten Ausspruch der Zwerge so wütend, dass er fürchterlich tobte, so sehr und so ausgiebig, dass seine Verdauung gänzlich ins Stocken geriet, er fürchterliches Bauchweh bekam und sich vor Schmerzen krümmte. Die Zwerge erschraken sehr und suchten verzweifelt nach einer Lösung, um den König wieder zu besänftigen. Im großen Garten hinter dem Haus besprachen sie sich und überlegten angestrengt, woher sie zu dieser vorangeschrittenen Stunde noch genügend Salat für ihren Herrn bekommen könnten. Doch so viel sie auch überlegten, es wollte ihnen nichts Rechtes einfallen. Die Dämmerung brach herein und da sahen die Zwerge mit einem Male, was am Tage gar nicht aufgefallen war: Die Sonnenwirbel leuchteten wieder, es war, als seien tausend Sterne auf die Erde gefallen, um dort zu erstrahlen.
Da fiel der Blick der Zwerge auf diese Pflanze, die so wunderschön blühte und plötzlich kam ihnen eine Idee. Die Blätter der Sonnenwirbel waren vom gleichen Grün wie der Salat ihres Herrn. Die Zwerge pflückten einige dieser Löwenzahnpflanzen und vermengten sie mit den noch verbliebenen Salatblättern aus dem Gemüsegarten des Königs. Mit den goldgelben Blütenköpfchen, die ihre Leuchtkraft nicht im Geringsten verloren, nachdem die Zwerge sie abgepflückt hatten, schmückten sie den Tisch und die Speise. Als der König den Salat sah, freute er sich anfangs sehr. Doch schon als er den ersten Bissen hinuntergeschluckt hatte, bemerkte er den sehr bitteren Geschmack dieser neuen Pflanze. Sofort spuckte er alles wieder aus. Er fühlte sich von den Zwergen betrogen und wurde sehr wütend. Als diese sein ärgerliches Gesicht bemerkten, bekamen sie Angst und begannen, fortzulaufen. Schon wollte der König seinen Teller samt Inhalt an die Wand schmeißen und ihnen hinterher rennen, um sie sich vorzunehmen. Da geriet er plötzlich in den Bann der leuchtenden Sonnenwirbel. Wie verzaubert nahm er brav seine Gabel wieder auf und ehe er sichs versah, hatte er alles aufgegessen. Zu seinem Erstaunen bekam ihm der Salat zum ersten Male gut. Am folgenden Tag konnte er sich erleichtern und ihm war wohl wie schon lange nicht mehr. Von da an verlangte er jeden Abend nach den wunderlichen Pflanzen mit den gelben Köpfen, von denen es, wie es schien, rund um das Schloss und den Hof unendlich viele gab.
Während der einfältige König an ein Wunder glaubte, das von den Löwenzahnblättern und -blüten auszugehen schien, erkannten die schlauen Zwerge die große Heilkraft, die in dieser Pflanze steckte, und sie begannen, mit ihr zu experimentieren. Mit der Zeit fanden sie heraus, dass das blühende Kraut noch viel mehr zu heilen vermochte. Die Haut des Königs wurde wieder

besser und seine Knochen schmerzten mit der Zeit nicht mehr so sehr. Am dritten Tag des abnehmenden Mondes gruben die Zwerge die Wurzel der Pflanze aus und betupften mit der daraus hervorquellenden weißen Milch die Warzen ihres Herrn. Als der immer kleiner werdende Mond schließlich ganz vom Himmelsbild verschwand, waren auch die Warzen wie durch ein Wunder nicht mehr zu sehen.

Jetzt waren die Zwerge neugierig geworden. Sie wollten wissen, ob andere Pflanzen auch solch wunderbare Heilkräfte besäßen. Sie testeten aus, ergründeten und untersuchten vieles bis auf das Kleinste. Irgendwann einmal begannen sie, alles niederzuschreiben und hielten so die Wirkungen der einzelnen Pflanzen bei bestimmten Erkrankungen fest. Die kleinen Wesen wurden im ganzen Land bekannt als die ganz großen Heilpflanzenkenner in jener Zeit.

Als wieder einmal die goldgelben Sonnenwirbel, wie jedes Jahr, alle Farbe verloren und sich in wundersame, mit kleinen Schirmchen versehene Pusteblumen verwandelten, kamen die kleinen Zwerge plötzlich auf eine Idee. Nach so vielen Jahren des Dienens und Arbeitens auf Erden fanden sie nun endlich heraus, wie sie in ihre ursprüngliche Heimat zurückkehren konnten. Die war nämlich keineswegs bei den Menschen, denen sie dienen und gehorchen mussten. Genau die Pflanze, welche die Zwerge anfangs vor dem Zorn des Königs bewahrt und die ihnen immer wieder von neuem Licht geschenkt hatte, konnte ihnen auch helfen, wieder dorthin zurückzufinden, von wo sie einst gekommen waren.

Die Reise nach Hause begann nun, als die Kinder dieser Erde durch das weiß gewordene Feld der Pusteblumen liefen und einige davon pflückten, um sie in den Himmel zu pusten. Da schwang sich flink ein Zwerg nach dem anderen an die spinnwebenähnlichen Faserstrahlen der Pflanze. Diese erhoben sich in die Lüfte und trugen die Zwerge leicht und frei dem Zwergenland entgegen. So entschwanden die einstigen Helfer der Menschen von der Erde, und nur die Früchte, die an den Strahlen hingen, kamen wieder zurück, um im nächsten Jahr wieder als neue Sonnenwirbel zu erstrahlen. Doch jetzt leuchteten sie nicht mehr den Zwergen den Weg in der Zeit der Übergänge im Jahr, sondern den Menschen. Denn seit jener Zeit mussten diese ihr Tagewerk selbst verrichten. Die Zwerge blieben verschwunden. Es war, als hätte es die fleißigen kleinen Kerlchen nie gegeben. Nur der Schatz um das Wissen der heilenden Kräfte der Pflanzen und die wundervollen Salat- und Kräuterrezepte, die die Zwerge den Menschen dagelassen hatten, erinnern daran, dass sie einmal hier gewesen waren. Vereinzelt kann man in einigen Vorgärten der Menschen noch kleine Abbilder der Zwerge sehen, die in dem Vorübergehenden manchmal eine Erinnerung wecken: an längst vergangene Zeiten, als die Sonne einst die Sonnenwirbel schickte, um den Zwergen den Weg zu weisen.

Steckbrief: Löwenzahn Taraxacum officinale

Name und Familie: Der Löwenzahn gehört zu der Familie der Korbblütengewächse, Asteraceae (Compositae). Der Volksmund nennt ihn auch Pusteblume, Kuhblume, Lichtli oder Sonnenwirbel.
Sein Name *Taraxacum* leitet sich vermutlich aus dem Arabischen *tarak* (= lassen) und *sahha* (= pissen) ab, übersetzt also: „pissen lassen"! Seine harntreibende Wirkung hat dem Löwenzahn deshalb auch den Namen „Bettseicher" oder auf französisch „Pissenlit" eingebracht. Der deutsche Name erklärt sich bildlich: Die Zacken der Blätter erinnern an spitze Löwenzähne.

Standort und Botanik: Der Löwenzahn wächst eigentlich überall, auf Wiesen, Feldern und sogar zwischen Pflastersteinen. Die Pflanze ist sehr genügsam und anpassungsfähig und mit jedem Boden zufrieden. Seine Blätter sind rosettenartig angeordnet, verschieden tief gesägt und gespalten, lanzettlich und werden bis zu 25 cm lang. Die Form der Löwenzahnblätter gibt es in unzähligen Variationen. Je nach Standort und Umwelteinflüssen können sie sehr unterschiedlich aussehen. Die Blüte ist leuchtend gelb, blüht von März bis Mai und im Spätherbst noch einmal. Die Früchte der Pflanze werden mit fallschirmartigen Gebilden (Pappus) mit Hilfe des Windes weit verbreitet. Die Stängel werden bis zu 30 cm lang und enthalten einen weißen Milchsaft. Die Wurzel ist eine kräftige Pfahlwurzel, die fest im Boden verankert ist.

Ernte der Pflanzenteile: Es werden das Kraut und die Wurzel (radix cum herba) verwendet. Zu medizinischen Zwecken erntet man die Wurzeln im Frühjahr, zu dieser Zeit enthalten sie vermehrt Bitterstoffe. Die Wurzeln werden dann gespalten und zusammen mit dem Kraut, besonders mit der Blattrosette, zum Trocknen aufgehängt oder im Ofen bei Temperaturen von bis zu 40 °C getrocknet. Im Herbst geerntete Wurzeln weisen einen höheren Inulingehalt auf. Werden die Blätter vor der Blüte geerntet, sind sie nicht so bitter. Erntet man sie während oder nach der Blüte, kann man sie einige Stunden in Salzwasser einlegen, das nimmt ihnen ein wenig den bitteren Geschmack.

Inhaltsstoffe, Wirkungen und Indikationen: Der Löwenzahn enthält Bitterstoffe (Bitterwert = 100), Vitamine, Mineralstoffe, Schleimstoffe, Cholin und Inulin (im Frühjahr 2 %, im Herbst 40 %). Er wirkt verdauungsfördernd, appetitanregend, gallesekretionsfördernd, stoffwechselanregend, harntreibend, mild abführend und harmonisierend. Der Löwenzahn ist ein Amarum tonicum, das heißt ein allgemein tonisierendes Bittermittel. Das in den Wurzeln enthaltene Inulin wirkt sich positiv auf die Darmgesundheit aus und erleichtert die Resorption von Mineralstoffen. Die Wurzeln können auch bei Diabetes als Gemüse gegessen werden, sie haben keinen Einfluss auf die Zuckerkrankheit. Innerlich: Der Löwenzahn kann bei Störungen des Gallenflusses, bei Appetitlosigkeit und bei Verdauungsbeschwerden eingenommen werden. Außerdem wirkt er unterstützend bei chronischen rheumatischen und arthrotischen Beschwerden. Der Frischpflanzensaft eignet sich als „Stoffwechselkur" im Frühjahr und im Herbst. Traditionell wird der Löwenzahn außerdem bei Hautkrankheiten (z.B. gegen Warzen), Blasen- und Nierenleiden, zur Verhütung von Nierensteinen sowie bei Gicht und Rheuma eingesetzt.

Darreichungsformen und Zubereitung: Innerlich kann der Löwenzahn als Frischpflanzenpresssaft, Tee, Tinktur eingenommen oder als Wildgemüse gegessen werden. Für einen Tee 1 TL Droge (Wurzel und Kraut) mit 1 Tasse Wasser kurz aufkochen, nach 10 Minuten abgießen, dann 2- bis 3-mal täglich 4 bis 6 Wochen lang trinken.

Kontraindikationen und Nebenwirkungen: Gallenmittel (Cholagoga) wie der Löwenzahn sollen nicht bei Gallenblasen- und Gallengangsentzündungen, Gallensteinen, Gallenstau und bei Tumoren eingenommen werden. Harntreibende Mittel (Aquaretika) sind kontraindiziert bei Ödemen infolge eingeschränkter Herz- und Nierentätigkeit. Wie bei allen Bitterstoffdrogen können auch beim Löwenzahn Magenbeschwerden auftreten. Bitterstoffdrogen sollten ungesüßt eingenommen werden, da sonst die Wirkung der Bitterstoffe verloren geht.

Anekdoten und Besonderheiten: Wird eine noch geschlossene Löwenzahnpflanze in ein Glas Wasser gestellt, verwelkt sie ohne sich zu öffnen. Heute noch wie einst wird Löwenzahnkraut gerne als Hasenfutter gesammelt und ist für die Tiere ein Leckerbissen.

Rezepte

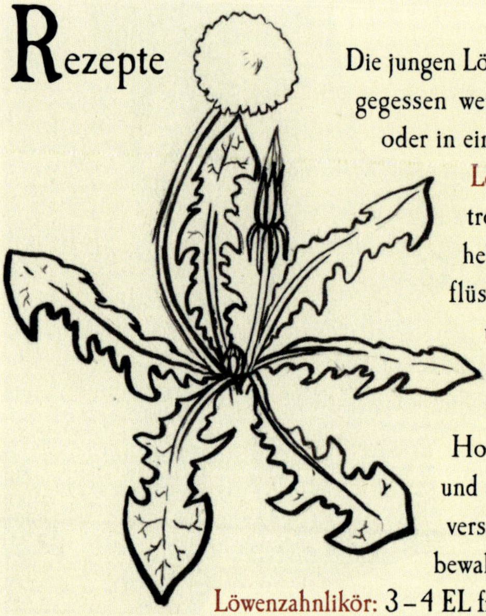

Die jungen Löwenzahnblätter können als Salat gegessen werden, je nach Geschmack pur oder in einer Mischung.

Löwenzahnhonig: Frische oder getrocknete Löwenzahnblüten in ein helles Glas einschichten und mit flüssigem Honig (Akazienhonig) übergießen; ca. 3 Wochen in der Sonne stehen lassen; das Glas täglich umdrehen; danach den Honig durch ein feines Sieb gießen und in ein anderes Glas füllen; fest verschließen; kühl und dunkel aufbewahren; ca. ein halbes Jahr haltbar.

Löwenzahnlikör: 3 – 4 EL frische oder 2 – 3 EL getrocknete Löwenzahnblütenblätter, 80 g Kandiszucker, 0,75 l Branntwein (32 %ig, Korn, Wodka oder Gin) und den Saft einer halben Zitrone in ein weithalsiges Glasgefäß (z. B. Schraubglas) geben; den Ansatz ca. 4 Wochen reifen lassen; danach durch ein Sieb abseihen und in ein sauberes Glas umfüllen. Liköre werden mit dem Alter besser, deshalb kann man sie nach dem Abgießen ruhig noch eine Weile stehen lassen, damit sie nachreifen können.

Frischpflanzensaft: Die Löwenzahnblätter zerkleinern und in einem Entsafter auspressen. Fertiger Saft kann auch im Reformhaus gekauft werden. Die Säfte immer im Verhältnis 1 zu 5 verdünnen, d.h. 1 EL Saft mit 5 EL Wasser, Apfelsaft oder Buttermilch aufgießen; 2 – 3 EL täglich 6 Wochen lang einnehmen.

Der Löwenzahn

Löwenzahn ist schon seit jeher
als höchst kriegerisch verschrien,
denn er lässt bei gutem Winde
Fallschirmtruppen feindwärts ziehn.
Und ich sitz auf der Veranda
und verzehre meine Suppe,
und entdecke in der selben
zwei Versprengte dieser Truppe.

Heinz Erhard

Der Blütenball

Die Blutwurz

Ich komme aus der renommierten Familie der Rosengewächse. Wir sind eine sehr artenreiche, vielgestaltige Familie. Einige meiner Geschwister heißen Odermennig, Frauenmantel, Mädesüß, Gänsefingerkraut und Brombeere. Die meisten von uns haben gefingerte, einfache Blätter. Unsere Inhaltsstoffe sind nicht immer gleich, aber wir alle enthalten Gerbstoffe. Ich habe die meisten Gerbstoffe von allen, ich bin die Gerbstoffpflanze Nummer eins in Deutschland! Aber ich habe nur vier Blütenblätter, während meine Geschwister meist fünf solcher Prachtexemplare besitzen. Das macht mich traurig! Wisst ihr jetzt wer ich bin?

Ganz genau, ich bin die Blutwurz.

Wie es dazu kam, dass ich nur vier Blütenblätter besitze? Das wollt ihr jetzt natürlich wissen, pfui, seid ihr neugierig. Aber ich will euch erzählen wie das geschehen ist. Es war nämlich nicht immer so. Also hört zu, ich erzähle euch meine Geschichte.

Ich war damals noch sehr jung. Ich war eine ausgesprochen stolze Pflanze, das bin ich heute auch noch, oder sagen wir, ich bin es wieder. Manchmal war ich wohl etwas hochnäsig und übermütig. Meine Familie sagte oft, ich sei eingebildet, aber das fand ich übertrieben. Ich hatte schließlich, wie bereits erwähnt, die meisten Gerbstoffe, besonders in meiner Wurzel. Darauf kann man doch stolz sein, oder nicht? Na ja, es gibt eben auch viele Neider.

Da ich auch ganz gut dichten konnte, dichtete ich ab und zu und sang meine fertigen Strophen so vor mich hin. Und gerade als ich „die Rose macht gleich in die Hose" trällerte, stand diese doch plötzlich hinter mir, lief vor Zorn rot an und suchte entrüstet das Weite. Ich kam gar nicht dazu, ihr hinterher zu rufen, dass ich es doch gar nicht so gemeint hatte, aber das hätte sie vermutlich sowieso nicht mehr interessiert.

Bald darauf war mir auch der Frauenmantel gram. Als ich nämlich gerade dabei war zu reimen:

„Auch wenn ihr Pflanzen alle meint,
dass der Frauenmantel Perlen weint,
der Tropfen auf des Blattes Ritze,
das kommt nur von der Mittagshitze.
Es ist ihm einfach im Sommer zu heiß,
jetzt weiß es jeder, es ist nur der Schweiß!",

sprang dieser mir fast vor Wut ins Gesicht.

Irgendwann haben meine Geschwister mir dann angedroht, sich bei der obersten Pflanzengestaltungsstelle über mich zu beschweren.

Ich wusste nicht viel über die Pflanzengestaltungsstelle, ich hatte keine Ahnung, wo sie sich befindet. Sie musste irgendwo zwischen dem Hier und dem Nirgendwo liegen. Auf jeden Fall hatte ich gehört, dass man dort jedes Jahr von Neuem über die Beschaffenheit, die äußere Form und die Inhaltsstoffe der Pflanzen diskutiert und entscheidet. Meistens blieb alles beim Alten. Die wollten sich wahrscheinlich auch nicht gerne unnötig Arbeit machen. Nur in einigen Ausnahmefällen, also wenn eine Pflanze beispielsweise etwas ganz Besonderes leistete oder eben wie ich, angeblich etwas zu frech geworden war, soll es schon Veränderungen gegeben haben. Obwohl ich das wusste, konnte ich es nicht lassen, weiterhin neckische Reime über die anderen Kräuter zu verfassen. Als ich dann auch noch das Gänsefingerkraut beleidigte – Einzelheiten darüber getraue ich mich jetzt nicht mehr zu erzählen – haben sie mich doch tatsächlich angeschwärzt da oben und ich wurde bestraft. Als Strafe würde mir in Zukunft ein Blütenblatt weniger zustehen, als in all den Jahren zuvor.

Im nächsten Frühjahr kamen dann wie immer um die gleiche Zeit die Boten der Pflanzengestaltungsstelle, die den Auftrag ausführten, der dort erteilt worden war. Diese Boten sind schillernde kleine Feen, deren Körper aus lauter feinen Sandkörnchen zu bestehen scheinen. Sie gleichen einer Wolke, leicht und zart. Staubfeen also, die sich im Frühling auf uns Pflanzen niederlassen, kurz nachdem wir das erste Mal den Boden aufgebrochen haben und nach draußen drängen. Jedes Frühjahr, wenn wir das erste Mal die wunderbare Welt begrüßen und die Feen ihren Staub über uns streuen, geben sie uns so unsere Erinnerung zurück. Dadurch werden wir wieder zu dem, was wir einst waren, bevor die Winterträume uns all unseres Daseins beraubten und wir einen kalten Winter lang, tief in der Erde vergraben, uns und alles um uns herum vergaßen. Dies geschieht in einem kurzen und einzigartigen Augenblick im Frühjahr, und in dem Moment, in dem die Feen ihren Staub auf uns Pflanzen niederwerfen, funkelt und leuchtet die ganze Welt. Als ich damals im Frühling wie immer auf diese Art und Weise aus meinen Winterträumen geweckt wurde, musste ich mit Erschrecken feststellen, dass mir ein Blütenblatt fehlte. Zuerst hielt ich es natürlich für ein Versehen und ich wurde so wütend, dass ich sofort zu dieser Pflanzengestaltungsstelle hingehen wollte, um einmal ordentlich auf den Putz zu hauen und mich über diese Ungeheuerlichkeit zu beschweren. Wenn ich nur gewusst hätte, wo genau sie sich befindet. Trotz meiner Nachforschungen, die ich diesbezüglich anstellte, habe ich es niemals herausgefunden. Sie musste wirklich sehr geheim sein. Wahrscheinlich hatten die anderen Pflanzen sich damals mit ihrer Beschwerde über mich an die Boten gewandt, damit diese dann der Pflanzengestaltungsstelle Mitteilung machen konnten. Da alle aus meiner Familie der Überzeugung waren, dass dies die gerechte Strafe war, die mir einmal zukommen musste, glaubte ich allmählich auch daran und hörte auf, mich dagegen aufzulehnen.

Zu allem Überfluss fingen jetzt die anderen an, Reime auf mich zu dichten, und als selbst das Mädesüß, welches ich immer für recht zurückhaltend und schüchtern gehalten hatte, zu mir herüberflötete: „Die Blutwurz erkennt man an den vier Blütenblättern,

das bleibt so, da kann sie noch so viel meckern.
Jetzt tobt sie und weint, die arme Wurz,
doch mir ist das ganze Gejammere schnurz!“,

wurde ich allmählich immer kleiner, bis mich alle aus ihrem Blickfeld verloren und endlich aufhörten, mich zu hänseln. Von da an war ich eine ganz kleine Pflanze und wuchs sehr nahe am Boden. Allmählich erkannte ich auch, dass ich früher manchmal ganz scheußlich gewesen sein musste, und gerne hätte ich vieles ungeschehen gemacht. Aber so ganz allmählich hatten mich die anderen Pflanzen völlig vergessen. Es gab sie einfach nicht mehr, die Blutwurz, vorbei mit der Pracht. Aus den Augen, aus dem Sinn, so schnell ging das.

Nur eine Pflanzenfreundin war mir noch geblieben. Die Heidelbeere, selbst auch nicht von großer Statur und in ihren Eigenheiten mir sehr ähnlich, versuchte immer wieder, mich zu erheitern. Seit dieser Zeit suche ich ihre Nähe und so lässt es sich auch erklären, weshalb wir oft beisammen stehen.

Sie war es auch, die mich auf den Blütenball aufmerksam machte, der alle vier Jahre in dem nächstgelegenen Dorf stattfand. Es war üblich, dass die Menschen, die diesen Ball dort miteinander feierten, in Begleitung einer Pflanze kamen. Deshalb suchte sich jeder von ihnen eine von uns aus, mit der er sich schmücken wollte.

Wir Pflanzen waren schon immer sehr eitle Geschöpfe gewesen und nachdem wir die Kunde über den bevorstehenden Ball vernommen hatten, zogen wir los zu den Kindern, die in unserer Nähe wohnten und liehen uns von ihnen Pinsel und Farben aus, um unsere Schönheit zu unterstreichen. Ich verstärkte das leuchtende Gelb meiner Blüte, denn ich wollte hell wie die Sonne erstrahlen. Dann zog ich die Konturen meiner schön geformten Blätter nach und fand, dass mein Äußeres sich sehen lassen konnte.

Die Rose betonte ihre rosigen Wangen, indem sie noch ein wenig Rouge auflegte. Sie wusste, dass ihre Aussichten auserwählt zu werden vortrefflich waren, und so lief sie diesmal nicht vor Wut, sondern vor Aufregung puterrot an. Die jungen Mädchen stritten sich immer um sie, denn jede wollte die Schöne zum Ball führen, um sich mit ihrer Blütenpracht zu schmücken.
Die Wahl der Männer fiel eher auf die kräftigen Pflanzen, nicht auf die lieblichen, zarten. Sie bevorzugten die Brennnessel, den Efeu oder den Hopfen, von dem sie ohnehin sehr angetan waren, da er einem bestimmten Getränk, das sie alle sehr liebten, den Geschmack verlieh.
Ob mich überhaupt jemand sehen würde, dachte ich verzweifelt. So klein wie ich war, hatte ich in der Tat nur eine geringe Chance, auf den Ball zu kommen. Dabei wäre das doch gerade für mich so wichtig gewesen, denn jede auserwählte Pflanze wurde nämlich von demjenigen, der sich mit ihr schmückte, auf dem Fest ausführlich beschrieben und vorgestellt. Das wäre die Gelegenheit gewesen, mich wieder einmal in das Gedächtnis der anderen Pflanzen zu rufen.
Plötzlich wurde ich jäh aus meinen trüben Gedanken gerissen, denn als ein junges Mädchen über die Wiese schlenderte, den Blick schon auf eine schöne große Sonnenblume gerichtet, stellte ihm die Heidelbeere unvermutet ein Bein. Das Mädchen stolperte und landete mit der Nase auf dem Boden. Als sie die Augen öffnete, blickte sie direkt in meine Blüte und ich lächelte verzückt in ihr Gesicht. Behutsam nahm sie mich auf und trug mich davon. Ich konnte gerade noch einen dankbaren Blick zur Heidelbeere werfen, die froh und verschmitzt alles mit angesehen hatte.

Und dann kam mein ganz großes Comeback. „Die Blutwurz", begann das Mädchen bei der Vorstellungsrunde auf dem Ball, „hat mehr Gerbstoffe als all die anderen Pflanzen hier. Deshalb hören offene Wunden auf zu bluten, wenn man das frisch zerriebene Pulver ihrer Wurzel darüber streut. Sie hilft auch, wenn unser Mund entzündet ist, wir Verbrennungen oder Frostbeulen haben. Bei Durchfall verbunden mit sehr starkem Bauchweh, ist sie das Mittel der Wahl. Auch Frauen mit schmerzhaften Monatsblutungen kann sie helfen. Sie hat nicht nur das strahlende Gelb ihrer Blütenblätter, sondern auch ein leuchtendes Rot in ihren Wurzeln, mit dem man einst die Wolle färbte. Ihr Name sagt aus, was sie ist, Potentilla erecta, die Mächtige, die Aufgerichtete." Das Mädchen hatte so viel über mich in Erfahrung gebracht und nachdem sie mich und meine Fähigkeiten am Abend auf dem Ball vorgestellt hatte, war es ganz still im Saal geworden, so beeindruckt waren alle, trotz meiner Kleinheit.

Seither musste ich noch oft an den Abend und den Ball denken, der mein Leben verändert hatte. Von da an war ich wieder beliebter bei den Pflanzen. Gereimt habe ich seither niemals mehr, denn eigentlich kann ich das gar nicht besonders gut. In Zukunft will ich mich auf das konzentrieren, was mich ausmacht. Ich bin die Gerbstoffpflanze Nummer eins in Deutschland, die Mächtige, die Aufgerichtete, die Potentilla erecta!

Manchmal wünsche ich mir dennoch mein fünftes Blütenblatt zurück, obwohl ich jetzt weiß, dass es eigentlich nicht von Bedeutung ist. Aber wer kennt schon die Launen und Regeln der Feen, vielleicht werde ich eines Tages mein fehlendes Blütenblatt wiederbekommen, wenn ich wie jedes Jahr aus den Träumen des Winters erwache und die Welt, von Feenstaub geküsst, für einen kurzen Augenblick erleuchtet ist. Dann werde ich wieder wachsen, so groß sein, wie ich einmal gewesen bin, und meine fünf Blütenblätter dankbar dem Himmel, den Feen, dem Hier und dem Nirgendwo entgegenrecken.

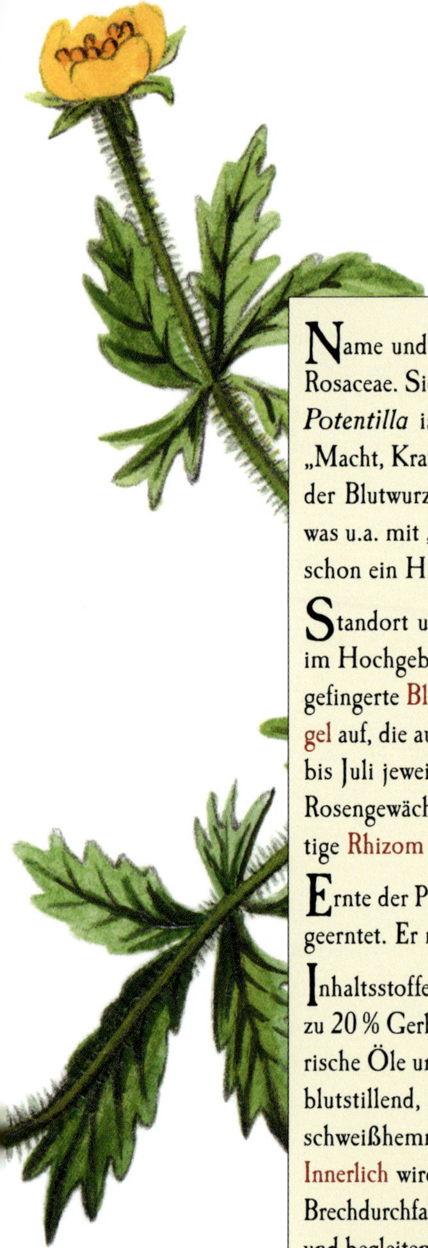

Steckbrief: Blutwurz

Potentilla erecta

Name und Familie: Die Blutwurz stammt aus der Familie der Rosengewächse, Rosaceae. Sie wird auch Dilledapp, Ruhrwurz, Rotwurz oder Siebenfinger genannt. *Potentilla* ist eine Verkleinerungsform des lateinischen *potentia*, das heißt, „Macht, Kraft". *Erecta* bedeutet „aufgerichtet". Manchmal lautet die Bezeichnung der Blutwurz auch *Tormentilla erecta*, abgeleitet vom lateinischen *tormentum*, was u.a. mit „Kolik" übersetzt wird. Somit ist die Namensgebung in diesem Falle schon ein Hinweis auf die schmerzlindernde Wirkung bei Koliken.

Standort und Botanik: Die Pflanze findet man in höher gelegenen Gegenden, im Hochgebirge aber auch an Böschungen, Waldlichtungen und Heiden. Sie hat gefingerte Blätter und einen sehr kurzen Stiel. Sie weist mehrere gabelästige Stängel auf, die aufrecht stehen oder niederliegend sind. An deren Ende blüht von März bis Juli jeweils eine gelbe Blüte mit nur 4 Blütenblättern (üblicherweise besitzen Rosengewächse 5 davon). Die Blutwurz wird bis zu 40 cm hoch. Das dicke, kräftige Rhizom läuft beim Aufschneiden blutrot an.

Ernte der Pflanzenteile: Der Wurzelstock (rhizoma) wird vorwiegend im Herbst geerntet. Er muss schnell und schonend getrocknet werden.

Inhaltsstoffe, Wirkungen und Indikationen: Die Pflanze hat im Wurzelstock bis zu 20 % Gerbstoffe (überwiegend vom Catechin-Typ), außerdem Flavonoide, ätherische Öle und Harze. Diese wirken zusammenziehend, stopfend bei Durchfällen, blutstillend, schmerzlindernd, keimhemmend, keimabtötend (antiseptisch) und schweißhemmend.
Innerlich wird die Blutwurz bei blutigen, kolikartigen Durchfallerkrankungen und Brechdurchfall, bei starken Menstruationskoliken, bei übermäßiger Schweißbildung und begleitend bei Colitis ulcerosa und Morbus Crohn angewandt. Äußerlich stillt die Blutwurz Blutungen und blutende Verletzungen, wenn man das frisch zerriebene Pulver der Pflanze über frische Wunden streut. Sie hilft auch bei Entzündungen in Mund- und Rachenraum, Hämorrhoiden, Verbrennungen und Frostbeulen.

Darreichungsformen und Zubereitung: Die Blutwurz gibt es in Form von Tee, Pulver, Tinktur oder als Fertigpräparat.
Für einen Tee 1 TL der frisch zerkleinerten Wurzel mit 1 Tasse Wasser kurz aufkochen, nach maximal 5 Minuten abgießen und je nach Bedarf 3-mal täglich

1 Tasse trinken. Die Droge kann mit Kamille oder Salbei kombiniert werden. Man sollte stets die frisch gepulverte Droge anwenden, denn der Gerbstoffgehalt nimmt an der Luft rasch ab, da die Gerbstoffe mit Sauerstoff schnell oxidieren. Auch durch längeres Kochen werden sie zerstört. Deshalb ist es sinnvoll, die Wurzel zu einer Tinktur zu verarbeiten und sie somit haltbarer zu machen.

Tinktur: 50 – 100 g klein geschnittene, geputzte Wurzel in 500 ml 70 %igen Alkohol geben; verschlossen mindestens 3 Wochen an einen hellen, warmen Platz stellen (keine pralle Sonne) und jeden Tag gut schütteln; danach abseihen und in dunkle Tropffläschchen füllen; beschriften; zirka 1 Jahr haltbar.

Kontraindikationen und Nebenwirkungen: Bei Überdosierung können Magenreizungen und Erbrechen auftreten. Die Droge sollte nicht länger als 1 Woche eingenommen werden, da Austrocknungsgefahr besteht. Die innere Einnahme der Pflanze ist eher für Erwachsene und größere Kinder verträglich. Säuglinge und Kleinkinder sollten die Droge nur unter ärztlicher Aufsicht einnehmen.

Anekdoten und Besonderheiten: Die Blutwurz hilft, sich zu zentrieren und sie ist besonders für Menschen geeignet, denen die „Schutzbarriere“ fehlt. Die Pflanze ist die wichtigste Gerbstoffdroge in Deutschland. Man sagt, es sei gut immer eine Blutwurztinktur im Reisegepäck zu haben. Vor der Industrialiesierung wurde Wolle mit der Blutwurz rot gefärbt.

Rezept

Blutwurzwein (nach Alfred Sigrist): 30 g frisch pulverisierte Wurzelstücke mit 1 l Rotwein 8 – 10 Tage ziehen lassen und danach abseihen. 3-mal täglich 1 Likörgläschen trinken.

Das Lächeln der Erde

Das Schöllkraut

Die Schwalben waren aufgeregt. Verwirrt flatterten sie durcheinander. Sie kamen im Fluge dem Boden schon bedenklich nahe. „Wo kann es nur sein, wo ist es geblieben“, rätselten sie? Es war immer da gewesen! Wie selbstverständlich richteten die Vögel ihren Flug im Frühjahr, wenn sie von Süden wieder Richtung Norden flogen, nach dem goldenen Kraut. Und jetzt war es fort, einfach so, ihr Lieblingskraut war verschwunden. Es musste aber doch schon längst aus den frostigen Träumen des Winters erwacht sein. Es erblühte sonst immer mit dem Eintreffen der Vögel im Frühjahr und verwelkte bei ihrem Abzug im Herbst. Deshalb nannten es die Menschen auch Schwalbenkraut. Hatten sich die Schwalben etwa in der Zeit geirrt? Aber nein, das war nur die Vermutung einiger beunruhigter Vögel.

Kurz zuvor nämlich war das Kraut, auch Schöllkraut genannt, nach einem eiskalten Winter und einem kühlen, aber sonnigen Frühjahr gerade dabei gewesen, seine Blüten zu öffnen, um den Schwalben ihren Weg zu weisen. Dabei zog es die Aufmerksamkeit der Königskerze auf sich: „Seht nur dort drüben, das Warzenkraut!“, rief die Königsblume stolz und überheblich und zeigte in die Richtung, in der das Schöllkraut wuchs. „Es soll den Menschen mit seinem goldenen Saft die Warzen wegätzen können“, stichelte sie. „Das ist doch ein Teufelsmilchkraut!“, rief die Rose und zog keck die Kelchblätter kraus, gerade so als würde ihr ein unangenehmer Geruch in die Nase ziehen. „Der Saft ist so ätzend scharf, den muss der Teufel persönlich zusammengebraut haben“, kicherte der Fenchel.

Das Schöllkraut schämte sich so sehr, dass es sich noch in der folgenden Nacht, bevor die Mondfeen das silberne Licht ihres Meisters auf der Blumenwiese auszustreuen begannen, versteckte. Von da an ward es nicht mehr gesehen.

Doch nicht nur die Schwalben rätselten über das plötzliche Verschwinden der Pflanze. Auch die Naturgeister und Feen waren beunruhigt. Sie wachten über das Reich der bunten und schillernden Vielfalt aller Pflanzen – das Lächeln der Erde. Mit der Sprache ihrer Herzen vermochten sie mit jedem pflanzlichen Wesen zu reden aber die Verbindung zum Schöllkraut war unterbrochen. Soviel sie auch riefen und sangen, das vermisste Kraut antwortete nicht und blieb verschwunden.

So fassten sie alsbald einen Entschluss. In einer Vollmondnacht im Juni trafen sich die Naturgeister und Feen bei den Steinen der Weisen, einem magischen Ort, an dem die Steine in einem Halbkreis angeordnet waren. Hier hatten die himmlischen Wesen eine besonders starke Verbindung zu den Pflanzen und so konnte es ihnen vielleicht gelingen, für einige kostbare Augenblicke alle pflanzlichen Seelen zu berühren. Neben diesen Geisterwesen waren in jener Nacht auch noch eine Schwalbe, eine alte Frau und ein kleiner Junge dabei.

Die Schwalbe lag in der Mitte des magischen Kreises. Sie war verletzt und konnte nicht mehr fliegen. Ein Elementargeist sprach: „Dieser junge Vogel ist aus dem Nest gefallen, er kann nichts sehen und die Alten können das Kraut nicht mehr finden, mit dessen Hilfe sie ihren blinden Jungen immer zum Sehen verhelfen konnten. Das Vögelchen ist verloren, wenn das Kraut nicht gefunden werden kann."

Ein anderer Geist deutete auf die keifende Gestalt der alten Frau, die sich ebenfalls im Innern des magischen Kreises befand. „Ihre Schmerzen im Bauch, im Rücken und in der Schulter sind so stark", sagte er, „dass sie nur noch Gift und Galle speit. Sie ist missmutig und übellaunig und stört mit ihrem Gejammere alle Bewohner im Dorf. Wenn man ihr nicht hilft, wird sie von der Gemeinschaft ausgeschlossen werden."

Eine Fee wies auf die weitere verletzte Gestalt, die im Kreis zu sehen war und sie sprach: „Das ist ein kleiner Junge, sein Bein ist verletzt, man sollte es verbinden. Hier mitten im Wald gibt es irgendwo ein Kraut, dessen Blätter wie ein natürliches Pflaster die Wunde verschließen könnten. Lässt man sie offen, wird sie verschmutzen und das Kind kann daran sterben!"

„Aber gibt es wirklich so eine Pflanze, die all dies zu heilen vermag?", raunte ein weiterer Geist in die Runde. „Ja!", meinte die Fee. „Ich kenne dieses Kraut. Man nennt es das goldene Kraut oder das Geschenk des Himmels."

„Das bin ich", rief da das Schöllkraut aus seinem Versteck und erschrak sogleich über seinen eigenen Mut. „Ich kann euch helfen, die Verletzten zu heilen." Und plötzlich stand es mitten auf der Wiese zwischen all den anderen Pflanzen. Gleichzeitig verblasste der magische Kreis und die Naturgeister und Feen waren mit einem Mal verschwunden. Doch das Kraut blickte voll Zuversicht und Mut mit geöffneten Blüten dem angehenden neuen Tag entgegen.

„Da ist es ja wieder", zwitscherten die Schwalben. Sie waren beglückt darüber, nun doch mit Hilfe des Schwalbenkrautes den richtigen Zeitpunkt ihrer Heimreise treffen zu können, da sie nun wieder sehen konnten, wann das Schöllkraut zu welken begann. Dann nämlich war für sie die Zeit gekommen, wieder in den Süden zu fliegen. Und von oben sahen sie, dass die Schönheit und der Reichtum der Natur, das Lächeln der Erde, jetzt wieder vollkommen war.

Steckbrief: Schöllkraut *Chelidonium majus*

Name und Familie: Das Schöllkraut stammt aus der Familie der Mohngewächse, Papaveraceae. Es wird auch Gilbkraut, Goldkraut, Schälkraut, Schwalbenkraut, Teufelsmilchkraut, Trudenmilch oder Warzenkraut genannt. Zur Herkunft des Namens gibt es verschiedene Interpretationen: Eine davon besagt, dass er sich vom griechischen *chelidon*, das heißt Schwalbe, ableitet. Dazu passt auch der im deutschen Volksmund gebräuchliche Name „Schwalbenkraut". Eine andere Meinung hingegen besagt, dass der Name vom griechischen *kelido* (= beflecken) herrührt, da alle Teile der Pflanze einen goldgelben Milchsaft enthalten, welcher braune Flecken hinterlässt. Wieder andere hingegen behaupten, der Name leite sich ab vom lateinischen *coeli donum*, übersetzt „Geschenk des Himmels". Die Namensbezeichnung Gilbkraut deutet darauf hin, dass mit dem Schöllkraut früher die Seide gelb gefärbt wurde.

Standort und Botanik: Das Schöllkraut wächst hauptsächlich in der Nähe menschlicher Behausungen an Mauern, Wegrändern, Zäunen und auf Schuttplätzen. Es ist eine ausdauernde Pflanze, alle Teile haben einen gelben Milchsaft. Dieser schmeckt scharf und wirkt ätzend.
Die Blätter sind leicht behaart und wechselständig angeordnet. Die unteren Blätter sind gefiedert und die oberen Stängel haben nur noch fiederspaltige, große, bläulich-grüne Blätter. Die Stängel sind verzweigt und ebenfalls leicht behaart. Je nach Standort wird die Pflanze zwischen 30 und 100 cm hoch. Die leuchtend gold-gelben Blüten haben 4 Kronblätter und zahlreiche Staubgefäße. Das Schöllkraut blüht das ganze Jahr hindurch von April bis September. Die meisten Blüten findet man zwischen Mai und Juni. Aus der Blüte entwickeln sich längliche Schoten, mit einer Länge von ca. 5 cm. Darin befinden sich mehrere kleine schwarze Samen, mit jeweils einem gelblich-weißen Anhängsel, das zuckerähnliche Stoffe enthält. Dieser wird besonders gerne von den Ameisen verspeist. Aus diesem Grund wächst das Schöllkraut oft an ungewöhnlichen Plätzen, da die Samen von den kleinen Waldtieren dorthin verschleppt werden. Die Wurzel, wenn meist auch nur so dick wie ein Finger, ist kräftig und fest im Erdboden verankert.

Ernte der Pflanzenteile: Verwendet werden sowohl das Kraut (herba) als auch die Wurzel (radix). Schöllkraut kann das ganze Jahr über geerntet werden.

Inhaltsstoffe, Wirkungen und Indikationen: Im gelben Milchsaft der Pflanze befinden sich verschiedene Alkaloide. Außerdem enthält sie organische Säuren (z.B. Chelidonsäure), Flavonoide, Saponine, Carotinoide und wenig ätherisches Öl. Das Schöllkraut wirkt krampflösend, gallenflussfördernd, schmerzlindernd, schwach beruhigend und ist leicht giftig.
Innerlich wird das Schöllkraut unter Berücksichtigung der niedrigen Dosierungsanweisung bei

krampfartigen Beschwerden im Bereich der Gallenwege, von Magen und Darm sowie zur Nachbehandlung von Hepatitis angewendet. Neu ist die wohl dosierte Anwendung bei Asthmaanfällen. Hierbei lässt sich die Wirkung durch die beruhigenden und entkrampfenden Inhaltsstoffe erklären. Äußerlich: Der frische Milchsaft dieser Pflanze wirkt gegen Viren (viruzid), zudem hemmt er das Zellwachstum. Deswegen kann man mit diesem Saft auch Warzen behandeln. Der Saft sollte nur genau auf die Warze geträufelt werden, da er ätzend wirkt. Die Warzen verschwinden leider nur bei manchen Menschen, der Grund hierfür ist nicht bekannt. Zur Behandlung von anderen Hautkrankheiten kann auch eine Schöllkraut-Abkochung (Tee) zubereitet werden, die mit einem darin getränkten Tuch auf die betreffenden Stellen aufgetragen wird. Traditionell: Schon sehr früh wusste man um die Heilwirkungen des Schöllkrauts. Bereits Theophrast (372 vor Chr.) setzte diese Pflanze bei Gelbsucht, Leberschwellung, Gallensteinen und Verstopfung ein.

Darreichungsformen und Zubereitung: Das Schöllkraut kann in Form von Tee, Tinktur oder als Fertigpräparat verabreicht werden. Da es eine Alkaloiddroge ist, sollte es als Tee nur in einer Mischung verwendet werden (Anteil max. 10 %).

Kontraindikationen und Nebenwirkungen: Gallenmittel (Cholagoga) wie das Schöllkraut sollen nicht bei Gallenblasen- und Gallengangsentzündungen, Gallensteinen, Gallenstau und bei Tumoren eingenommen werden. In der Schwangerschaft, der Stillzeit und bei Kindern unter 12 Jahren soll Schöllkraut nur in Absprache mit einem Therapeuten innerlich eingenommen werden. Bei den hier angegebenen Mengen ist nicht mit Nebenwirkungen zu rechnen. Dennoch sollte diese Droge grundsätzlich nur nach Rücksprache mit einem Therapeuten eingenommen werden, da sie mehrere Alkaloide enthält und streng genommen zu den Giftpflanzen zählt.

Anekdoten und Besonderheiten: Dioskurides (1. Jhd. nach Chr.) berichtete, dass die Schwalben den Milchsaft von diesem Kraut dazu benutzten, um das Sehvermögen ihrer blinden Jungtiere wieder herzustellen. Neben vielen anderen Indikationen wurde noch im 17. Jahrhundert das Schöllkraut speziell bei Augenleiden eingesetzt.

Rezept Eine Teemischung bei Magen-, Darm- und Gallenbeschwerden: 5 g Schöllkraut, 10 g Kamillenblüten, 25 g Lemongrass, 5 g Kümmelfrüchte, 5 g Wermutkraut. Es ist darauf zu achten, dass die Kräuter frisch verwendet werden, da sie schon nach kurzer Lagerung (3 – 6 Monate) ihre krampflösende Wirkung verlieren. 1 TL der Mischung mit 125 ml kochendem Wasser übergießen, 10 Minuten ziehen lassen, abseihen, bei Bedarf 2-mal täglich 1 Tasse ungesüßt und sehr warm trinken.

Unter dem Regenbogen

Das Johanniskraut

Weiß denn jemand, von wem das Johanniskraut seine leuchtend gelbe Farbe hat? Nein? Soll ich es euch erzählen? Nun, das war so:

Die Natur mit ihren Pflanzen, Wiesen und Auen war früher nicht so prächtig bunt wie sie es heute ist. Sie war schwarz, weiß oder in unterschiedlichen Grautönen schattiert. Das blasse Johanniskraut wuchs neben dem tristen Veilchen auf einer farblosen Wiese. Damals waren die Pflanzen nur durch ihren unterschiedlichen Wuchs und ihre verschiedenen Düfte voneinander zu unterscheiden. Es war, als hätte der Meister und Schöpfer dieser Welt alles mit einem grauen Schleier überzogen und die Farben vergessen. Erst an jenem Tag, als der Regenbogen mit seinem farbigen Pinsel die Natur berührte und diese für einen kurzen glücklichen Augenblick die bisher unbekannten Farben kosten durfte, nur solange nämlich, bis der Regenbogen sich wieder zurückzuziehen begann und alle Farben mit sich nahm, beschlossen die Pflanzen, dass sie diese bunte Vielfalt, in der sie auch heute noch erstrahlen, für immer behalten wollten. Der Regenbogen stand ihnen zur Seite, als Wegweiser und Berater in die fröhliche Welt der Farben.

Wie es sich damals wirklich zugetragen hatte, wusste im Nachhinein niemand mehr so genau zu berichten. Jede Pflanze konnte davon erzählen. Doch die Geschichte vom Johanniskraut, die ich hier und jetzt erzählen möchte, erscheint mir letztendlich am glaubwürdigsten.

Der Schöpfer dieses Planeten konnte sich anfangs nicht entscheiden, ob er der Sonne oder dem Regen den Vorzug geben sollte. Deshalb ließ er die Strahlen des Feuerballs leuchten und gleichzeitig fielen dicke Regentropfen auf die Erde nieder. Da erschien plötzlich, schillernd und schön, in den vielfältigsten Farben ein Regenbogen am Himmel. Er war ausladend und reichte so weit über das Land, dass er mit seinem einen Ende ein Feld mit zahlreichen Blumen berührte. Mit seiner grünen Farbe strich er über die Wiese, betupfte mit dem Lila ein Veilchen, tunkte die Rose in ein kräftiges Rot und umhüllte das Johanniskraut mit seinem fröhlichen Gelb. Auf diese Weise war also der Regenbogen auf die Erde gekommen und er gefiel dem Schöpfer so sehr, dass er ihn von da an öfters leuchten ließ.

Die Pflanzen sahen ihr Spiegelbild in den Regentropfen, die noch nicht zu Boden gekullert waren, und bewunderten voller Stolz ihre soeben erlangte Schönheit. Doch als sich Wolken vor die Sonne

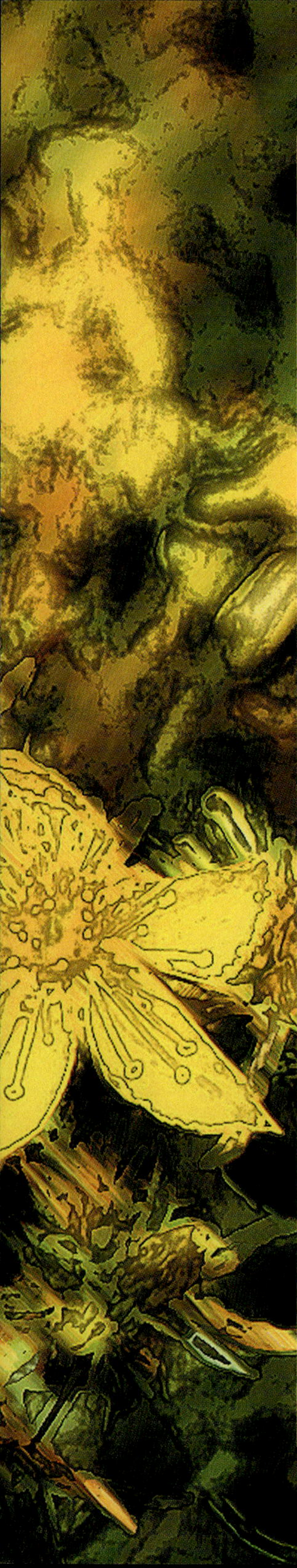

schoben und sie aufhörte, ihre hellen Strahlen auf die Erde zu schicken, verblasste der schöne Zauber und die Blumen standen wieder grau und trist nebeneinander auf der blassen Wiese. Sobald sie sich der Verwandlung bewusst wurden, ließen sie die Köpfe hängen und waren untröstlich wegen ihres Schicksals.

Seit jenem Tag, als der Regenbogen die Pflanzen besucht hatte, wuchs im Johanniskraut ein Verlangen heran: Es wollte diese Farbe, in die der Bogen es immer wieder tunkte, für immer behalten. Deshalb fasste es endlich einen Entschluss. Mit allerlei Schmeicheleien und gutem Zureden wollte es das Gelb zum Bleiben überreden. Es wollte gar versuchen, dem Regenbogen die gelbe Farbe zu stehlen, wenn dieser sie nicht dalassen wollte. Was machte es schon, wenn ihm eine Farbe fehlte, er hatte doch genug davon in seinem prächtigen Band. Der Regenbogen kam jetzt öfters, denn es war April und dieser Monat galt als recht launisch und unentschlossen. Doch als das Farbband sich wieder zurückzuziehen begann, entglitt dem Johanniskraut wie jedes Mal das schöne Gelb und trotz all seiner Bemühungen verblassten die eben noch goldgelben Blütenblätter. Das Kraut war entsetzt und durch nichts zu beruhigen.

Das bemerkte der Regenbogen und väterlich versuchte er, die Pflanze zu trösten, als er sie das nächste Mal in Farbe tunkte. Das Johanniskraut wandte sich schroff von ihm ab. „Du bist kein verlässlicher Freund", schluchzte es. „Du erweckst jedes Mal unsere Hoffnungen und Träume und dann machst du dich wieder aus dem Staub und hinterlässt uns in Tristesse und Farblosigkeit. Als wir deine Farben noch nicht kannten, noch nicht von der schillernden Vielfalt gekostet hatten, fehlte es uns an nichts. Doch jetzt, da wir wissen, wie köstlich es schmeckt, die Farben in sich aufzusaugen, sich berauschen zu lassen von der eigenen Schönheit und der der anderen, die bunte Gemeinschaft zu genießen und vor Glück ein wenig über dem Boden zu schweben, werden wir nie wieder zufrieden das triste Dasein ertragen können wie zuvor."

Der Regenbogen war erschrocken darüber, was er angerichtet hatte. „Ich kann dir und den anderen Pflanzen helfen, eure Farben für immer zu erhalten", sagte er. „Ich kann euch einen Weg zeigen, aber gehen müsst ihr ihn selbst. Meinst du, ihr seid dazu bereit?" „Ja!", riefen die vielen Pflanzen, die dem Gespräch der beiden zugehört hatten. „Um eure Farben zu erhalten", sprach der Regenbogen, „müsst ihr auch innere Schönheit erlangen, denn ihr könnt nur nach außen strahlen, wenn ihr auch von innen heraus leuchtet!" „Wie geht das?", fragten die Pflanzen aufgeregt. „Jedem von euch wurde einst eine Aufgabe zugedacht. Diese zu finden und sie zu erfüllen, soll euer Ziel sein. Auf einem Berg unweit dieser Wiese wohnt hoch oben auf der Alp eine alte, weise Frau. Geht zu ihr, sie wird euch weiterhelfen können. Aber der Weg dorthin ist steil und steinig. Wollt ihr es dennoch versuchen, wappnet euch gut und seht euch vor, nicht jeder kann zu ihr gelangen. Man braucht schon sehr viel Mut und einen starken Willen."

Da die Pflanzen sich sehr mutig fühlten, machte sich fast die ganze Blumenwiese an jenem Tag auf den Weg, um zu dem Weib zu wandern, das auf dem Berg wohnen sollte. Es war ein sonderbarer Zug. Von weitem sah es aus, als schlängelte sich eine graue Schlange bergauf, der Alp zu. Doch sobald die Pflanzen etwas an Höhe gewonnen hatten, begannen die Ersten von ihnen zu frösteln. Die zarte Rose fing alsbald an zu niesen und fürchtete, einen Schnupfen zu bekommen, und das Veilchen kam mit seinen kurzen Wurzeln nicht mehr hinterher. So blieben einige von ihnen zurück, in der Hoffnung, dass die anderen es schaffen würden. Als die weiterziehenden Pflanzen ungefähr die Hälfte der Strecke zurückgelegt hatten, war ihre Zahl noch mehr zusammengeschrumpft und nur noch einige wenige liefen weiter, dem Gipfel entgegen. Unter ihnen waren der Spitzwegerich, der stinkende Storchenschnabel, der Sauerampfer, der Huflattich, der Frauenmantel, der Enzian, der Thymian und das Johanniskraut. Entschlossen und unermüdlich bewegten sie sich vorwärts, immerzu ihr Ziel vor Augen und mit der Hoffnung im Herzen, bald die Spitze des Berges zu erreichen, um dem Weiblein zu begegnen.

Als die Luft merklich dünner wurde und der Wind heftiger und kälter blies, gaben schließlich fast alle Pflanzen auf. Sie waren am Ende ihrer Kräfte angelangt. Nur noch vier ganz besonders tapfere, der Frauenmantel, der Enzian, der Thymian und das Johanniskraut, zogen unaufhaltsam weiter, dem Gipfel entgegen. Nach Tagen voller Entbehrungen und Anstrengungen waren sie dem Himmel schon sehr nahe gekommen und endlich schienen sie am Ende ihrer Reise angelangt zu sein. Vor ihnen erstreckte sich kurz unterhalb der Spitze des Berges eine weite Hochebene. In deren Mitte waren bizarre Felsbrocken zu erkennen, die zu einem Torbogen aufeinander geschichtet waren. Dieser glich in seiner Form dem Regenbogen und forderte sie zum Durchgehen auf. Dahinter war eine kleine Öffnung im Boden zu erkennen, die den Eingang einer Höhle erahnen ließ. Stufen führten in die Tiefe der Erde hinab.

Die vier Pflanzen wollten sich gerade auf den Einlass im Boden zubewegen, da standen sie plötzlich vor ihnen: Steinbock, Murmeltier und Gämse, die Wächter

der Berge. Graziös sprang die Gämse vor die Öffnung und versperrte den Kräutern den Weg. Das flinke Murmeltier alarmierte mit seinem schrillen Pfiff die übrigen Bergbewohner und auch der Steinbock schritt majestätisch vor die Höhle. Die untergehende Sonne überzog sein mächtiges Gehörn mit gleißendem Gold. Geblendet senkten die Pflanzen den Blick und wichen erschrocken zurück. Ängstlich versteckten sie sich vor den Furcht einflößenden Tieren. Aber das Johanniskraut wagte sich spät am Abend doch noch einmal aus seinem sicheren Versteck, da es so kurz vor dem Ziel nicht aufgeben wollte. Da stand es wieder vor den Wächtern der Berge und die Tiere musterten die eigensinnige Pflanze. Das Johanniskraut vermochte, immer noch mutig, den Blicken der Bergtiere standzuhalten. Da schritt mit einem Male, von plötzlichem Unmut übermannt, die Gämse auf das Kraut zu, riss eine Blüte davon ab und zerrieb sie auf der Erde. Als das Tier einen Schritt zurücksetzte, sah es an der Stelle, an der es die Blüte zertreten hatte, einen leuchtend roten Fleck. Er glich dem Rot des Rubins, dem Jesusblut, und es war das erste Mal, dass eine Pflanze, obwohl sie zertreten wurde, Farbe bekannte. Ehrfurchtsvoll wichen die Tiere des Berges vor dem mächtigen und ihnen nun ebenbürtigen Johanniskraut zurück und gaben die Öffnung zur Höhle frei.

Das beherzte Kraut glitt erleichtert hinein und drang bis in das Herz des Berges vor. Das alte Weiblein hatte das Johanniskraut bereits erwartet. Kaum berührte die Alte das Kraut, geschah etwas Wundervolles. Mit einem Male wurde sich die Pflanze ihrer selbst bewusst. Sie tastete ihre eiförmigen Blätter, die sich durchlöchert anfühlten. Es war, als hätten tausend kleine Nadeln sie durchstochen. Sie hatten kleine Taschen, welche eine duftende Flüssigkeit enthielten. Im oberen Teil verzweigte sich ihr Stängel und ihre Blüten waren mit kleinen Pünktchen besetzt. Es sah aus, als tanzten oben an den Spitzen tausend kleine Sterne, einem Feuerwerk gleich, das seine Funken versprüht.

Als das Johanniskraut nun auch noch seine Seele erkannte, war es so voller Glückseligkeit, dass es mit einem Male genau wusste, was seine Stärke war: Es konnte die Menschen an seinem Glück teilhaben lassen und sie vor Traurigkeit, Angst und Erschöpfung bewahren. Sein Kraut musste bei voller Blüte an Johanni, der Sommersonnenwende, kurz über dem Erdboden abgeschnitten und in Büscheln an der Luft im Schatten getrocknet werden. Es half bei Kopfschmerzen oder wenn Menschen nicht in den Schlaf finden konnten. Mit ihren Gerbstoffen verschloss die Pflanze Schnitt- und Schürfwunden. Äußerlich half das Kraut auch, wenn man sich verbrannte, verstauchte oder Muskelkater bekam. Schnitt man die Wurzel in kleine Stücke, nahmen diese

an der Luft die gleiche blutrote Farbe an, die vor der Höhle beim Zerreiben der Blüten auf der Erde erschienen war.
Als das Johanniskraut so all seiner Fähigkeiten gewahr wurde, verneigte es sich tief und ehrfurchtsvoll vor der alten Frau. Dann machte es sich auf, um den Heimweg anzutreten. Da erstrahlte es plötzlich in dem leuchtenden Gelb der aufgehenden Sonne, in der Farbe, die es so liebte und derentwegen es die lange Reise angetreten hatte.
„Die Farbe soll dich stets auch an deine Pflichten erinnern, die du jetzt bereit bist zu übernehmen. Die Freude über dein strahlendes Gelb soll dir die Kraft geben, dieses Glück mit den Menschen zu teilen." Mit diesen Worten reichte die Alte der Pflanze einen großen Sack und fügte hinzu: „In diesem Beutel sind kleine Säckchen für die anderen Pflanzen enthalten. Verteile sie, sobald du wieder auf der Wiese angelangt bist. So soll jede Pflanze ihre Bestimmung erfahren und die Welt endlich in ein buntes Tuch voller Farbkleckse verwandelt werden!"
Das Johanniskraut bedankte sich noch einmal und glitt wieder hinaus in das gleißende Morgenlicht. Beglückt strahlte es der Sonne entgegen und rief nach den drei anderen Pflanzen, die schon aufgeregt nach ihm gesucht hatten. Es warf dem verdutzten Enzian sein Säckchen zu, der, im Gegensatz zu vielen Artgenossen, ebenfalls gelb erstrahlte und sogleich begriff, dass er durch seinen bitteren Geschmack den Appetit und die Verdauung der Menschen anregen konnte. Der Frauenmantel machte sich von dieser Stunde an für die Frauen stark. Der Thymian galt von nun an als Helfer der armen Leute, gab ihnen Kraft, Mut und Ausdauer, Eigenschaften, die er selbst durch seinen beherzten Marsch zum Gipfel des Berges erworben hatte.
Als sich die vier gemeinsam dem Abstieg zuwandten, erschien mit einem Male blitzend bunt der Regenbogen über ihnen. Auf seinem Bogen glitten sie nun den Berg wieder hinunter. Wie durch ein Prisma, umgeben von bunten Blitzen, sausten sie immer schneller und schneller hinab ins Tal und wirbelten durch die unterschiedlichsten Farben, bis sie schließlich taumelnd und noch ganz benommen auf ihrer Wiese landeten, von der aus sie einst aufgebrochen waren. Das Johanniskraut verteilte sogleich die Säckchen an jede Pflanze, an die Kräuter, Blumen, Bäume und Gräser.
Als der Regenbogen das bunte Treiben auf der Erde sah, mischte er sich leise darunter und hörte frohen Herzens, welche Wundertaten die Pflanzen jetzt vollbringen konnten.
Danach löste er sich auf, dem Göttlichen entgegen, und als Mittler steht er seither da, um mit seinem Halbkreis Himmel und Erde zu verbinden. Aber nur in ganz seltenen Augenblicken kann es gelingen, dieses Band zu erkennen, nämlich dann, wenn die Strahlen der Sonne sich in den Tropfen des Regens brechen. Dann taucht er plötzlich auf, steht bunt und schillernd am Horizont, um für alle sichtbar dieses Bündnis immer wieder von neuem zu besiegeln.

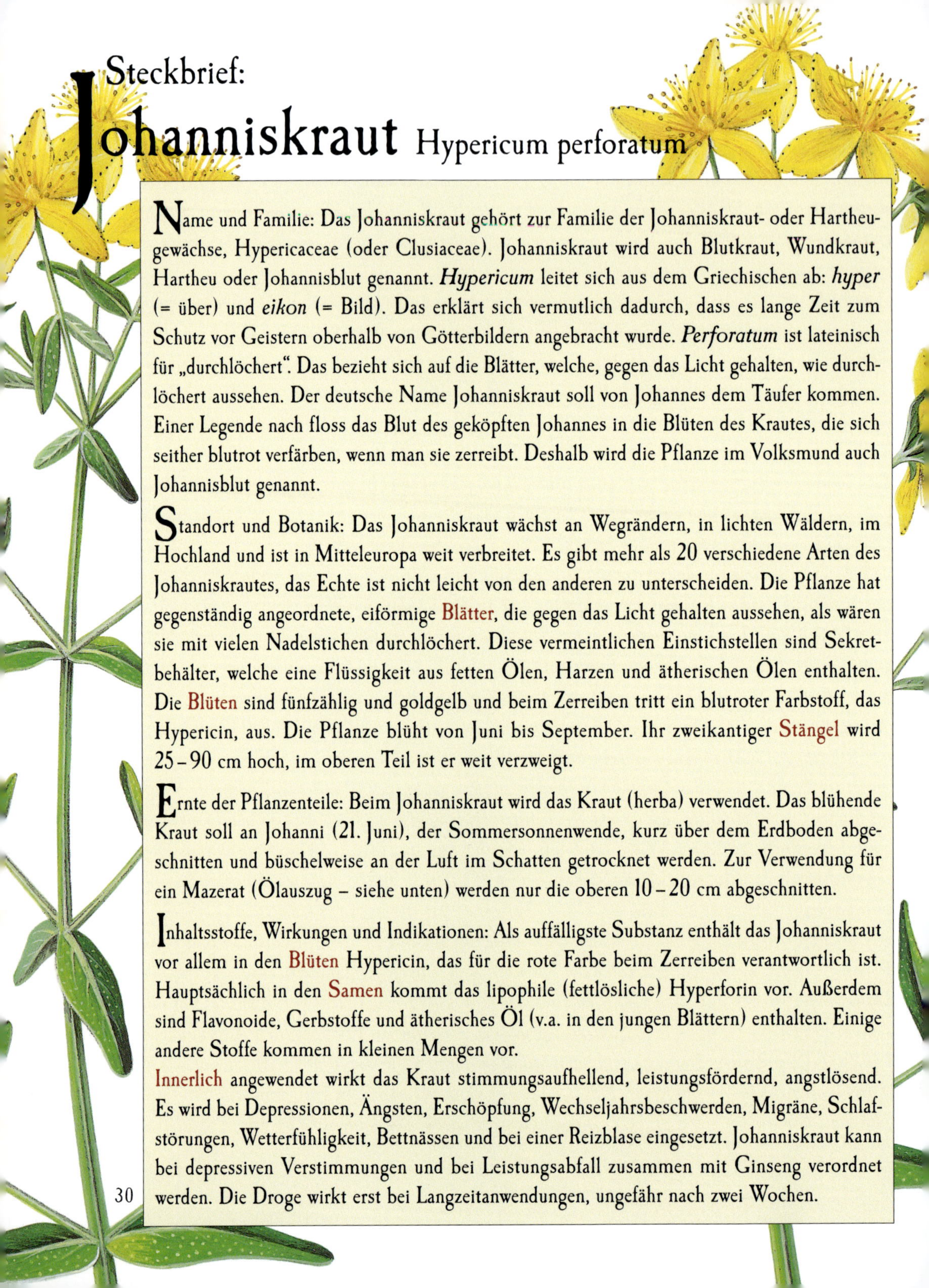

Steckbrief: Johanniskraut *Hypericum perforatum*

Name und Familie: Das Johanniskraut gehört zur Familie der Johanniskraut- oder Hartheugewächse, Hypericaceae (oder Clusiaceae). Johanniskraut wird auch Blutkraut, Wundkraut, Hartheu oder Johannisblut genannt. *Hypericum* leitet sich aus dem Griechischen ab: *hyper* (= über) und *eikon* (= Bild). Das erklärt sich vermutlich dadurch, dass es lange Zeit zum Schutz vor Geistern oberhalb von Götterbildern angebracht wurde. *Perforatum* ist lateinisch für „durchlöchert". Das bezieht sich auf die Blätter, welche, gegen das Licht gehalten, wie durchlöchert aussehen. Der deutsche Name Johanniskraut soll von Johannes dem Täufer kommen. Einer Legende nach floss das Blut des geköpften Johannes in die Blüten des Krautes, die sich seither blutrot verfärben, wenn man sie zerreibt. Deshalb wird die Pflanze im Volksmund auch Johannisblut genannt.

Standort und Botanik: Das Johanniskraut wächst an Wegrändern, in lichten Wäldern, im Hochland und ist in Mitteleuropa weit verbreitet. Es gibt mehr als 20 verschiedene Arten des Johanniskrautes, das Echte ist nicht leicht von den anderen zu unterscheiden. Die Pflanze hat gegenständig angeordnete, eiförmige Blätter, die gegen das Licht gehalten aussehen, als wären sie mit vielen Nadelstichen durchlöchert. Diese vermeintlichen Einstichstellen sind Sekretbehälter, welche eine Flüssigkeit aus fetten Ölen, Harzen und ätherischen Ölen enthalten. Die Blüten sind fünfzählig und goldgelb und beim Zerreiben tritt ein blutroter Farbstoff, das Hypericin, aus. Die Pflanze blüht von Juni bis September. Ihr zweikantiger Stängel wird 25 – 90 cm hoch, im oberen Teil ist er weit verzweigt.

Ernte der Pflanzenteile: Beim Johanniskraut wird das Kraut (herba) verwendet. Das blühende Kraut soll an Johanni (21. Juni), der Sommersonnenwende, kurz über dem Erdboden abgeschnitten und büschelweise an der Luft im Schatten getrocknet werden. Zur Verwendung für ein Mazerat (Ölauszug – siehe unten) werden nur die oberen 10 – 20 cm abgeschnitten.

Inhaltsstoffe, Wirkungen und Indikationen: Als auffälligste Substanz enthält das Johanniskraut vor allem in den Blüten Hypericin, das für die rote Farbe beim Zerreiben verantwortlich ist. Hauptsächlich in den Samen kommt das lipophile (fettlösliche) Hyperforin vor. Außerdem sind Flavonoide, Gerbstoffe und ätherisches Öl (v.a. in den jungen Blättern) enthalten. Einige andere Stoffe kommen in kleinen Mengen vor.

Innerlich angewendet wirkt das Kraut stimmungsaufhellend, leistungsfördernd, angstlösend. Es wird bei Depressionen, Ängsten, Erschöpfung, Wechseljahrsbeschwerden, Migräne, Schlafstörungen, Wetterfühligkeit, Bettnässen und bei einer Reizblase eingesetzt. Johanniskraut kann bei depressiven Verstimmungen und bei Leistungsabfall zusammen mit Ginseng verordnet werden. Die Droge wirkt erst bei Langzeitanwendungen, ungefähr nach zwei Wochen.

Äußerlich wirkt Johanniskraut gegen Bakterien, Viren und Pilze (antibakteriell, antiviral, antimykotisch), zusammenziehend, entzündungshemmend, wundheilend und schmerzlindernd. Das Hyperforin hat eine antibiotische und wundheilende Wirkung. Es hilft bei Schürfwunden, Verstauchungen, leichten Verbrennungen, Nervenschmerzen, Gürtelrose, Hexenschuss, Verspannungen oder Rheuma.

Darreichungsformen und Zubereitung: Innerlich kann das Kraut als Tee, Tinktur oder als Fertigpräparat eingenommen werden. Äußerlich kommt der Anwendung von Johanniskrautöl, auch Rotöl genannt, große Bedeutung zu. Das Kraut wird hierfür in Mandel- oder Olivenöl ausgezogen (s.u.).

Für einen Tee 1 TL getrocknete Droge mit 150 ml heißem Wasser übergießen und mindestens 7 Minuten bedeckt ziehen lassen; 2 – 3 Monate lang 3-mal täglich 1 Tasse trinken. Für eine antidepressive Wirkung werden hauptsächlich Fertigpräparate verwendet, da hier die Dosierung höher ist.

Zur Herstellung von Johanniskrautöl wird an einem sonnigen Tag ein Glas zu ⅔ mit frischem zerdrücktem Blütenkraut gefüllt (dies entspricht ca. 100 g), dann mit ½ l nativem Mandel-, Oliven- oder Sonnenblumenöl aufgefüllt und 3 – 5 Tage lang unverschlossen an einem warmen Ort stehen gelassen. Danach verschließen und für 6 Wochen an einen hellen Ort (Fenster) stellen, täglich schütteln. Der Inhalt wird leuchtend rot, da der rote Farbstoff (Hypericin) in das Öl übertritt. Nach dieser Zeit wird das Kraut abgeseiht. Das fertige Johanniskrautöl wird wegen seiner Farbe auch Rotöl genannt.

Kontraindikationen, Nebenwirkungen, Wechselwirkungen: Das Johanniskraut sollte bei schweren endogenen Depressionen nicht eingesetzt werden, da bei einem plötzlichen Energieschub die Gefahr der Selbsttötung besteht. Durch das Hypericin kann, besonders bei hellhäutigen Menschen, eine Photosensibilisierung auftreten. Dieser Effekt ist allerdings von der Dosierung abhängig – beim Genuss von Tee ist nicht damit zu rechnen. Trotzdem sollte man bei Verwendung dieser Droge auf vermehrten Sonnenschutz achten bzw. sich nicht direkter Sonneneinstrahlung aussetzen. Bei einer höheren Dosierung kann es zu einer verminderten Wirksamkeit verschiedener wichtiger Medikamente kommen.

Anekdoten und Besonderheiten: Seit vorchristlicher Zeit wird das Johanniskraut als Sonnenpflanze verehrt. Sonnwendsträuße aus dieser Pflanze versprechen Schutz vor allem Bösen und werden auch heute noch an Johanni (21. Juni) über die Dächer geworfen.

Rezept Eine ausgleichende Teemischung für Körper und Seele (nach Ingeborg Stadelmann): 15 g Johanniskraut, 20 g Melisse, 10 g Passionsblume, 10 g Lavendelblüten und 5 g Rosenblüten mischen, 1 TL mit 1 Tasse siedend heißem Wasser übergießen, 10 Minuten ziehen lassen und 3-mal am Tag 1 Tasse trinken.

Der Lieblingsstrauch der Engel

Die Zaubernuss

Immer im Herbst erblühen, welch ein Genuss, die goldgelben Blüten der Zaubernuss. Dieser Strauch war lange Zeit gereist, bis er auch bei uns in Europa Wurzeln schlug. Wild wächst er im fernen, sagenumwobenen Orient – nämlich an der kaukasischen Schwarzmeerküste und in Ostasien – aber auch an der Atlantikküste Nordamerikas.

Die Zaubernuss, ein üppiger, großer Busch, ist der Lieblingsstrauch der Engel. Sie schmücken nämlich ihre Haare mit den goldgelben Kronblättern dieser Pflanze. Diese länglichen Blütenblätter fallen dann bis auf ihre Schultern herab. Und weil so viele Engel im Herbst, wenn der Strauch in seiner vollen Blüte und Schönheit steht, um ihn herumschwirren, die Blätter streifen und die Rinde berühren, ist wohl etwas von dem Zauber und den heilenden Kräften der Engel in das Innerste dieser Pflanze eingedrungen. So kommt es, dass man sich seit Urzeiten folgende Geschichte erzählt:

Weit draußen vor den Toren der Stadt Kobuleti in der Provinz Adscharien, nahe der türkischen Grenze am schwarzen Meer, hauste eine Frau, deren Alter nicht auszumachen war, ganz allein in einer dunklen, feuchten Höhle. Blickte man in ihr Gesicht, sah man junge wache Augen. Doch ihre Haut war faltig, wie die einer alten Frau, gerötet und juckte so sehr, dass sie vom vielen Kratzen ganz blutig und aufgeschürft war.

Die Menschen in der Stadt fürchteten, sich anzustecken und behandelten das Weib wie eine Aussätzige. Einmal am Tag brachten sie ihr zu essen und zu trinken, doch das war alles wozu ihr Gewissen sie trieb.

Unweit der Höhle stand ein Strauch, der mit den Jahren fast fünf Meter hoch geworden war. Seine Äste reichten mittlerweile schon bis zum Eingang der einfachen Behausung dieser Frau. Mit seinen Blättern bildete der Strauch ein schützendes Dach, sowohl vor Regen als auch vor der Hitze der Sonne. Ihren

Strahlen gelang es dennoch, vereinzelt durch das Blätterdach hindurch zu gleiten, um glitzernde Funken zu versprühen. Als die Blätter herabfielen und den Eingang der Höhle zu verstopfen drohten, hob die Frau sie behutsam auf und trocknete sie.

Eines Tages schöpfte das Weib wieder einmal Wasser aus dem nahe gelegenen Fluss, um sich damit zu waschen und zu erfrischen. Sie trug es in Eimern zu ihrer Behausung unter der Zaubernuss.

Da fegte plötzlich der leichte Atem des Windes durchs Geäst und das letzte Blatt des Strauches schwebte leicht und unbeschwert herunter, streifte neckend den Arm der Frau, kitzelte sie an der Nase, schlug, von einer heftigen Böe erfasst, übermütig einen Salto, bis der Wind seinen Atem anhielt und das Blatt, seiner grazilen Schwerelosigkeit beraubt, der Erde entgegen fiel. Das Blatt hatte eben noch tänzelnd im Wind von der Leichtigkeit des Seins geträumt, als es geradewegs in einen Eimer voll frisch geschöpftem Wasser stürzte und sich so jäh mit dem feuchten Element des Erdballs vertraut machte.

„Hatschi", nieste das Blatt. Gleich darauf fand es aber schon Gefallen an dem kühlenden Nass, von dem es behutsam getragen und liebevoll geschaukelt wurde.

Die Frau betrachtete dieses harmonische Bild und plötzlich kam ihre eine Idee. Sie beschloss, aus den Blättern des Strauches einen Tee zu kochen. Als sie später in der Abenddämmerung saß und von dem neuen Getränk kostete, merkte sie, wie es ganz tief in ihre Seele gelangte und von dort den ganzen Raum ihres Körpers auszufüllen schien. Sie spürte, wie die Wirkung schließlich von innen an die äußerste Hülle drang und ihre kranke Haut berührte. Die Frau trank nun täglich davon und langsam ließ der Juckreiz nach und ihre welke Haut wurde zart und geschmeidig. Ihr Antlitz erstrahlte engelsgleich, ganz so wie auch der Zauberstrauch im Herbst, wenn die himmlischen Wesen ihn umschwirren.

Als die Menschen der Stadt Kobuleti die Einsiedlerin sahen und in der schönen, strahlenden jungen Frau das ehemals schrumpelige, aussätzige Weib erkannten, glaubten sie, ein Wunder sei geschehen. Sie sprachen der Frau magische und heilende Kräfte zu und so begannen die Städter der Provinz Adscharien zu dieser wundersamen Heilerin zu pilgern. Immer mehr von ihnen zog es hinaus vor die Tore der Stadt.

Es stellte sich nun heraus, dass viele der Stadtbewohner eine Krankheit hatten, mit der sie entweder versuchten zu leben, unter der sie still litten oder die sie nicht wahrhaben wollten. Sie hatten bis zu diesem Tag vom Elend der Aussätzigen nicht berührt werden wollen, da es sie an ihr eigenes Leid erinnerte. Sie wären sonst gezwungen gewesen, einer Wirklichkeit ins Auge zu blicken, die sie nicht sehen wollten. Das Weib war also so etwas wie die leibhaftige Verkörperung ihrer eigenen Ängste gewesen. Deshalb hatten sie es so viele Jahre von ihrem Dorf fern gehalten. Doch jetzt, da alles anders geworden war, und sich die kranke, elende Frau in blühendes Leben verwandelt hatte, schöpften sie neuen Mut und Hoffnung.

Seit dieser Zeit heilte die Frau vor den Toren der Stadt mit Hilfe des Zauberstrauches die Menschen, die sie besuchten. Sie ließ die Früchte des Strauches außer Acht und verarbeitete nur seine Blätter und die Rinde. Mit Tees, Tinkturen und Salben heilte sie offene und nässende Wunden und die blutenden aufgeschlagenen Knie vieler Kinder. Verzweifelte Mütter brachten der Heilerin ihre Säuglinge und Kleinkinder, wenn der Milchschorf nicht wegzubekommen war oder die Kleinen einen wunden Popo hatten. Die Älteren kamen mit Hauterkrankungen aller Art und suchten bei ihr Rat. In fast allen Fällen wurden die Beschwerden besser, die Haut wurde wieder geschmeidig und hörte auf zu jucken. Im nächsten Sommer ließ der Zauberstrauch seine Früchte heranreifen. Die eiförmigen Kapseln sprangen auf und die Samen wurden meterweit herausgeschleudert. So entstanden immer mehr Zaubersträucher, genügend Medizin für ein ganzes Leben.

Die Heilerin blieb an dem Ort, und manchmal im Spätsommer oder Herbst, wenn die Sonne besonders goldgelb leuchtete, war ihr auf einmal, als hätte sie gerade dort an ihrem Zauberstrauch für einen kostbaren Moment einen Engel gesehen, der sich sogleich mit den blitzenden Sonnenstrahlen verband und wieder verschwand.

Steckbrief:

Virginische Zaubernuss

Hamamelis virginiana

Name und Familie: Die Virginische Zaubernuss gehört zu der Familie der Zaubernussgewächse, Hamamelidaceae. Andere Bezeichnungen für diese Pflanze sind Hexenhasel, Zauberhasel oder Wünschelrute. Der botanische Gattungsname *Hamamelis* kommt vom griechischen *hamatos melos*. Das bedeutet soviel wie „hakiger Apfel" und beschreibt die auffällige Form der Früchte dieser Pflanzen. Der Artname *virginiana* leitet sich vom amerikanischen Bundesstaat Virginia ab und ist ein Hinweis auf die Herkunft aus dem Osten der USA.

Standort und Botanik: Die Zaubernuss wächst an der Atlantikküste Nordamerikas, in Ostasien und an der kaukasischen Schwarzmeerküste, wird heute aber auch in Europa angepflanzt. Nur Hamamelis virginiana, die im Spätherbst blüht, wird medizinisch verwendet. Es gibt noch andere Hamamelisarten, diese blühen allerdings im Frühjahr. Die Pflanze besitzt haselnussähnliche Blätter. Sie hat 5-blättrige, angenehm duftende Blüten. Ihre gelben Kronblätter sind lang, linear und an den Spitzen eingerollt. Der Zaubernussstrauch kann bis zu 8 m hoch werden. Die Pflanze blüht ab November. Ihre eiförmigen Früchte reifen erst im Sommer des nächsten Jahres. Wenn sie aufspringen schleudern sie ihre Samen meterweit hinaus.

Ernte der Pflanzenteile: Es werden die Blätter (folium) und die Rinde (cortex) der Pflanze verwendet. Die Blätter der Zaubernuss werden im Herbst gesammelt und schonend im Schatten getrocknet. Die Rinde wird in langen Stücken (15 – 20 cm) spiralförmig von den Ästen und Zweigen gelöst und an der Sonne getrocknet.

Inhaltsstoffe, Wirkungen und Indikationen: Der Zaubernussstrauch enthält hauptsächlich Gerbstoffe (bis zu 8 % in den Blättern und bis zu 12 % in der Rinde), aber auch Flavonoide, ätherische Öle und organische Säuren. Die Droge wirkt zusammenziehend, entzündungshemmend, desinfizierend, örtlich betäubend, blutstillend, venentonisierend und gefäßverengend. Innerlich wird die Droge bei Hämorrhoiden und Krampfadern angewandt. Äußerlich wird sie bei Windeldermatitis, Neurodermitis, Ekzemen, Milchschorf, trockener und rissiger Haut, Venenentzündungen, Hämorrhoiden, oberflächlichen Wunden, Insektenstichen, Verbrennungen, Furunkeln und bei Mund- und Zahnfleischentzündungen aufgetragen. Die besondere Wirkung der Droge liegt im dermatologischen Bereich. Sie wird z.B. bei chronischen Hautleiden wie Neurodermitis eingesetzt. Die Therapieerfolge lassen sich mit denen leichter Kortikoidgaben vergleichen. Die Zaubernuss ist vor allem in der Kinderheilkunde wegen der guten Verträglichkeit und ihrer geringen Nebenwirkungen sehr beliebt. Traditionell wird die Droge auch bei unspezifischen Durchfallerkrankungen und bei Menstruations- und Wechseljahrsbeschwerden eingesetzt.

Darreichungsformen und Zubereitung: Innerlich kann die Zaubernuss in Form von Tee, Extrakten, Zäpfchen oder als Fertigpräparat verabreicht werden. Äußerlich werden Umschläge und Spülungen oder auch Salben angewandt. Hamameliswasser, hergestellt aus Wasserdampfdestillat, beruhigt die gereizte Haut.
Für einen Tee 1 gehäuften TL Blätter mit ¼ l siedend heißem Wasser übergießen, das Ganze 10 Minuten ziehen lassen und dann abseihen. Oder 1 gehäuften TL Rinde in ¼ l Wasser 10 – 15 Minuten auskochen und dann abgießen. Bei Durchfall sollte man 2 – 3 Tassen zwischen den Mahlzeiten trinken. Bei Zahnfleisch- und Mundschleimhautreizungen wird mit dem Tee gegurgelt.

Kontraindikationen und Nebenwirkungen: Außer gelegentlich auftretenden Magenreizungen sind keine unerwünschten Wirkungen bekannt.

Anekdoten und Besonderheiten: Bei den Indianern hieß die Zaubernuss „golden treasure“ und war ein Allheilmittel. Sie kochten die Zweige über dem Feuer und konservierten den Sud mit Alkohol. Die Droge wurde vor allem bei Verbrennungen und Wunden verwendet.

Rezept

Gärtnercreme, schnelle Variante: 150 g flüssige Butter und getrocknete Zaubernussblätter zu einer breiigen Masse verrühren; ½ Stunde bei geringer Wärme flüssig halten (Wirkstoffe werden extrahiert); in den letzten 5 Minuten 5 Gewürznelken hineingeben; abseihen; 50 g Bienenwachs zugeben. Statt Butter kann man auch Olivenöl nehmen, dann müssen aber 100 g Bienenwachs zugegeben werden. Die Gewürznelken enthalten Eugenol, das wirkt antibakteriell.

Das Kind der Sonne

Das Tausendgüldenkraut

Die Sonne hatte ihre Kinder auf die Erde entsandt. Dort angekommen, legten sie ihre Lichtgestalt ab und nahmen die Gewänder unterschiedlich strahlender Blumen an. Immer dann, wenn die Wolken den Blick in den Himmel freigaben, streckten die Sonnenkinder die weit geöffneten Blüten den goldenen vertrauten Strahlen entgegen. Dadurch erlangten sie immer wieder neue himmlische Kraft. Jedem ihrer Schützlinge gab die Sonne eine besondere Fähigkeit mit auf den Weg, mit der er auf Erden wirken sollte.
Das größte Sonnenkind beispielsweise war die Sonnenblume. Sie konnte mit ihrer Schönheit die Traurigkeit von den Menschen nehmen und ihr sonnengleiches Äußere sollte ein Abbild ihrer Herkunft sein.

Das Tausendgüldenkraut hingegen war um einiges kleiner und viel schüchterner als diese große gelbe Blume. Somit hatte es dieses Kraut weitaus schwerer, die Aufmerksamkeit der Menschen auf sich zu lenken und seine ihm zugedachte Aufgabe, von der wir später noch hören werden, zu erfüllen. Aber so manches Mal scheinen die unsichtbaren Kräfte der Erde einem leise zur Seite zu stehen und dann drehen sie unmerklich ein wenig am Geschehen dieser Welt.

An einem schönen Sommertag durchstreifte eine junge Frau den Wald in der Nähe ihres Heimatdorfes. Das Leben hatte es bis jetzt nicht gut mit ihr gemeint. Schon seit längerer Zeit verspürte sie keinen Hunger mehr. Sie fühlte sich erschöpft und leer, Arbeit und Sorgen bestimmten ihr Leben. Deshalb war sie heute einfach weggelaufen. Sie rannte über Wiesen und Felder, bis zu dem großen, dunklen Tannenwald, den sie am Horizont erblickte. Dort konnte sie, durch die Bäume geschützt, von niemandem mehr gesehen werden. Immer tiefer lief sie in den Wald hinein, bis sie schließlich zu einer Lichtung kam. Erschöpft sank sie nieder, um einen Augenblick zu verweilen.

Als sie nun so im Gras saß, traurig und kraftlos, und sich umsah, erblickte sie plötzlich vor sich ein wunderschönes Kraut, das seine rosa Blütenzipfel sternenförmig geöffnet hatte und im Strahl der Sonne stand. Gebannt von dem Zauber der Natur pflückte die Frau das blühende Kraut und knabberte gedankenverloren daran. Der sehr bittere Geschmack dieser Pflanze ließ sie erschaudern. Aber nun hatte sie das Kraut schon im Mund und es schickte sich für ein Mädchen

zur damaligen Zeit nicht, etwas auszuspucken. Deshalb schluckte sie das Bittere schnell hinunter. Als sie nach ein paar Stunden aufbrach, um noch vor Einbruch der Dunkelheit den Weg nach Hause zu finden, fühlte sie sich sonderbar ruhig und verspürte sogar ein klein wenig Appetit. Von da an ging die junge Frau in jeder freien Minute zu der Lichtung, leise ahnend, dass das Kraut ihr gut tat, und sie aß immer wieder ein wenig davon.
Sie wurde mit jedem Male stärker und gefestigter. Nach und nach wurde sie auch runder um die Hüften, denn das Essen schmeckte ihr auf einmal besonders gut.
Den Menschen in ihrer Nähe fiel die Veränderung auf, die mit ihr vorging, und ein altes Weib fragte sie nach der Ursache ihrer neuen Kraft. Die junge Frau, die keinen Argwohn kannte, antwortete ihr: „Ich habe von den Funken der Sonne gekostet, die auf die Erde gefallen sind, um dort zu erblühen." Die Alte erkannte sofort, dass es sich dabei um eine Blume handeln musste und sie fragte die Frau, wo das Funkenkraut denn zu finden sei. Als diese ihr den Weg dorthin genau erklärt hatte, brach die Alte am nächsten Morgen früh auf, um die Pflanze zu suchen.
Als das Weib die Lichtung betrat und das Funkenkraut entdeckte, pflückte sie rasch einige Blüten und Stängel davon ab und steckte sie in ihren Sack. Zurück im Dorf, bot die Alte das Kraut auf dem Markt feil. „Für hundert Gulden", so rief sie, „mache ich euch alle gesund." Mit der Zeit fand sie heraus, dass das Kraut Appetit machte und die Verdauung anregen konnte. Bedenkenlos verkaufte die Alte das Funkenkraut bald jedem, der Rat suchend zu ihr kam. So entdeckte sie, dass es tatsächlich auch noch andere Wirkungen hatte. Erschöpfte oder nervöse Menschen beispielsweise wurden wieder stärker und gelassen. Die Alte verwendete das Kraut daraufhin auch noch für die Zubereitung ihrer Tees, Tinkturen und Arzneiweine. Auch ihrem selbstgebrauten Lebenselixier fügte sie das Tausendgüldenkraut hinzu.
Die Leute kauften häufig und viel bei ihr ein, da sie sich nach der Einnahme des Krautes wirklich immer besser fühlten und in der Kasse der Alten klimperten die Gulden. So kehrte das alte Weib nun jeden Tag zur Waldlichtung zurück, um Nachschub zu besorgen. Doch ihre Geldgier war unermesslich groß. Sie verlangte jeden Tag einhundert Gulden mehr für das Funkenkraut, so dass sie bald bei tausend Gulden angelangt war. Da diese Arznei augenscheinlich Wunder bewirken konnte und die Menschen heilte, kratzten viele verzweifelt ihre letzten Gulden zusammen, bis ihnen nichts mehr blieb und sie arm und mittellos waren. Nur noch die Reichen kamen von nah und fern und kauften von dem wohltuenden Kraut. Der jungen Frau verbot das Weib von da an, in den Wald zu gehen. So wurde sie wieder krank, mutlos und verzweifelt.
Als die Sonne endlich erfuhr, welch Schindluder die Alte mit ihrem Kinde trieb und dass das Funkenkraut nun schon in Tausendgüldenkraut umbenannt worden war, wurde sie sehr zornig und beschloss, in den Lauf der Dinge ein wenig einzugreifen. Als das alte Weib am nächsten Tag wieder in den Wald ging, um von dem Kraut zu holen, rief die Sonne eine Wolke herbei.

Sogleich fiel ein Schatten auf die Erde. Das Tausendgüldenkraut verschloss seine Blüten und die Alte suchte vergebens nach der Pflanze. Von da an sah sie das Kraut nie wieder. Jedes Mal, wenn sie in seiner Nähe war, kamen die Wolken der Sonne zu Hilfe. Das Tausendgüldenkraut nämlich, der schillernden Sonnenstrahlen beraubt, schloss sogleich seine Blüten und war nicht mehr zu erkennen.

Seit diesem Tage also war mit dem Kraut kein Geschäft mehr zu machen, denn die Sonne hatte ja jetzt ein Auge darauf geworfen. Seitdem stand es unter dem besonderen Schutz der Natur. Es zeigte sich nur noch ab und zu. Denjenigen beispielsweise, die in Not waren und es tatsächlich dringend brauchten, konnte es ganz plötzlich und unerwartet entgegenfunkeln. Aber seine tausend Gulden mag es dennoch Wert gewesen sein. Denn diejenigen, die in den Genuss dieser Pflanze kamen, erlangten durch sie himmlische Kraft und Gesundheit. Bis zum heutigen Tage nennt man deshalb dieses Kraut noch immer Tausendgüldenkraut, vielleicht, um seine Wertschätzung der Ewigkeit zu verschreiben und so einen leisen inneren Dank an diese Pflanze auszusprechen. Dafür nämlich, dass man sie als beständigen Wegbegleiter an seiner Seite weiß.

Es gibt übrigens noch viele Sonnenkinder auf der Erde. Es ist nur nicht ganz einfach, sie zu erkennen. Jedes hat seine ganz eigene Aufgabe hier zu erfüllen. Doch das ist eine andere Geschichte.

Steckbrief: Tausendgüldenkraut

Centaurium erythraea

Name und Familie: Das Tausendgüldenkraut stammt aus der Familie der Enziangewächse, Gentianaceae. Die Pflanze trägt auch die Namen Himmelblümlen, Centorelle, Muttergotteskraut, Fieberkraut, roter Laurin, Magenkraut, Piferkraut und Sanktorinkraut. Ihr deutscher Name sagt aus, dass diese Pflanze wohl tausend Gulden wert ist. Der lateinische Name setzt sich zusammen aus *centum* (= 100) und *aurum* (= Gold), deshalb hieß die Pflanze ursprünglich Hundertguldenkraut. Später war aber für eine unbestimmt große Menge die Zahl 1000 gebräuchlicher, deshalb wurde der Name dieser Pflanze im 15. Jahrhundert zu Tausendgüldenkraut geändert. Eine andere Deutung besagt, dass der Name vom Zentauren Chiron abzuleiten ist (vgl. Seite 43).

Standort und Botanik: Das Tausendgüldenkraut wächst auf lichten Waldungen und feuchten Wiesen. Es kommt nicht sehr häufig vor, ist aber standorttreu. Die Pflanze steht unter Naturschutz. Die grundständige Blattrosette ist zur Blütezeit der Pflanze meist schon verwelkt oder von dichtem Gras überwuchert. Die kreuzgegenständigen, länglich bis eiförmigen Stängelblätter werden weiter oben lanzettlich und sind mit Kreuzadern versehen. Die Wuchsform ähnelt der des Johanniskrautes. Der vierkantige Stängel kann zwischen 10 und 40 cm hoch werden. Die hübsche Pflanze ist selten zu entdecken, da sie oft versteckt wächst und die Blüten sich nur vollständig öffnen, wenn die Sonne scheint. Die zahlreichen, sternförmigen rosalila Blüten sitzen in Trugdolden am oberen Teil der Pflanze. Die Blütezeit geht von Juni bis September. Die Pflanze hat eine helle Pfahlwurzel.

Ernte und Pflanzenteile: Verwendet wird das ganze Kraut (herba). Da die Pflanze geschützt ist, darf sie hier nicht gesammelt werden. Die Droge wird aus Marokko, Serbien, Montenegro oder Bulgarien bezogen. Das Kraut wird über der Grundrosette abgeschnitten und dann getrocknet. Die für die Wirkung verantwortlichen Bitterstoffe sind hauptsächlich in der Blüte und im Stängel der Pflanze zu finden, weshalb die grundständige Blattrosette nicht gesammelt wird.

Inhaltsstoffe, Wirkungen und Indikationen: Die Pflanze enthält vor allem Bitterstoffe, außerdem Phenylcarbonsäuren, Xanthonderivate, Flavonoide und Harze. Innerlich: Das Tausendgüldenkraut ist ein Amarum tonicum, das heißt die allgemein tonisierende Bitterwirkung steht im Vordergrund. Die Pflanze hat einen Bitterwert

(BW) von bis zu 3 500. Innerlich eingenommen regt das Tausendgüldenkraut die Magensäfte und die Verdauung an. Deshalb wird es gerne bei saftlosem und müdem Magen eingesetzt. Die Wirkung entfaltet sich erst bei längerer Einnahme. Das Kraut wirkt appetitanregend und zudem speziell bei Verdauungsschwäche mit chronischem Hautleiden. Außerdem wird es bei Anorexia nervosa (Magersucht), nervöser und seelischer Überbelastung und bei Altersmagen eingesetzt. Äußerlich angewandt, kann man aus dem Tee Waschungen oder Umschläge bereiten und diese auf eiternde Wunden oder Ekzeme auflegen. Traditionell: In der Volksmedizin half die Pflanze angeblich auch bei Blutarmut, Leberbeschwerden, Fettsucht, Hautausschlägen und zur Wundheilung. Sie wurde außerdem zur Blutreinigung angewendet.

Darreichungsformen und Zubereitung: Das Tausendgüldenkraut kann als Tee, Tinktur oder als Arzneiwein verabreicht oder als Mazerat (Kaltwasserauszug) zubereitet werden. Dazu 1 TL Droge mit einer Tasse kaltem Wasser ansetzen, 8 Stunden ziehen lassen, dann abgießen und zum Trinken leicht erwärmen. Der Tee soll vor den Mahlzeiten ungesüßt getrunken werden. Bei Bitterstoffen ist es sinnlos, den bitteren Geschmack mit Zucker zu überdecken, da sie sonst ihre Wirkung, die über den Geschmack geht und die schon im Mund beginnt, nicht entfalten können. Die Erfahrung lehrt aber, dass man sich beim Tausendgüldenkraut ganz schnell an das Bittere gewöhnt.

Kontraindikationen und Nebenwirkungen: Nebenwirkungen sowie Kontraindikationen bei der Anwendung des Tausendgüldenkrautes sind nicht bekannt. Der sehr bittere Geschmack dieser Pflanze verhindert ohnehin ein Zuviel.

Anekdoten und Besonderheiten: Einer Sage nach wurde der Zentaur Chiron durch einen Pfeil verwundet, der auf seinen Fuß gefallenen war. Der weise und heilkundige Pferdemensch behob das Problem selbst, indem er sich mit dieser Pflanze heilte. Die Wundheilung gehört heute nicht mehr zu den Indikationen dieser Pflanze.

Rezept Das Tausendgüldenkraut ist wichtiger Bestandteil von Lebenselixieren und Schwedenbittern.

Tausendgüldenkrautwein (nach Mannfried Pahlow): Jeweils 30 g Pfefferminze und Tausendgüldenkraut und 1 ganze Zitrone (mit einer unbehandelten Schale) zerschneiden und mit 1 l leichtem Wein übergießen. Das Ganze 10 Tage lang stehen lassen, danach abseihen und in Flaschen füllen. Ein Gläschen dient, vor dem Essen getrunken, der Stärkung, regt den Appetit an und fördert die Verdauung.

Die Königshochzeit

Der Rosmarinstrauch

Es sollte Hochzeit gehalten werden und der Rosmarin war bereit. Die Braut hatte ihn für ihren Brautstrauß auserwählt. Es sei eine Königshochzeit, denn die Braut, so hieß es, sollte eine echte Prinzessin sein. Es war Frühling und der Rosmarin zeigte sich in seinem schönsten Gewand. Stolz stand er da, seine blassblauen Blüten sahen aus, als hätte der Frühnebel sie vergessen, nachdem er sich aufgelöst hatte. Sie schimmerten nämlich in demselben zarten, durchsichtigen Blau der Tautropfen in der Morgendämmerung. Doch das ist eigentlich schon das Ende der Geschichte. Begonnen hatte sie viele Monate zuvor.

Die Schatten der Nacht hatten sich über ein kleines Dorf am Fuße eines Berges gelegt. Dort lebte Prinzessin Meertau. Die Dunkelheit ängstigte sie sehr, denn sobald sie in das Reich der Träume hinüberglitt, träumte sie immerzu denselben bizarren Traum. Nicht das Geringste veränderte sich je daran.

Ihr war, als liefe sie mit nackten Füßen auf weißem Sand am Ufer des Meeres entlang. Von dort aus erblickte sie in der Ferne eine kleine Insel, auf der sich ein einziges hübsches Haus befand, welches umhüllt war von den blassblauen Blüten eines wunderbaren Strauches. Es ging ein solcher Duft von dieser Pflanze aus, dass Meertau alles versuchen wollte, um dort hinüber zu gelangen. So glitt sie in das Wasser und schwamm auf die Insel zu. Als sie jedoch das Ufer erreicht hatte, waren das Haus und der herrliche Strauch mit einem Male verschwunden. An ihrer Stelle befand sich nun nur noch eine baufällige Ruine. Als die Prinzessin sich in das Innere des Gebäudes vorwagte, schlug ihr anstelle des aromatischen Duftes der Pflanze der modrige Geruch von feuchtem Gemäuer und Schimmel entgegen. Als sich ihre Augen jedoch an die Dunkelheit gewöhnt hatten, erblickte sie vor ihren Füßen noch einen einzigen verbliebenen Zweig des wunderbaren Strauches. Doch als sie sich gerade hinunterbeugen wollte, um ihn aufzuheben, fuhr ihr der Wind dazwischen, hob den Zweig in die Lüfte empor und ließ ihn lockend in den Strahlen des Mondes tanzen, die keck und silbern durch die Ritzen des alten Gemäuers blinzelten. Plötzlich wurde der Wind stärker und der Zweig entwich durch eines der Fenster nach draußen, um dem Himmel und der Nacht entgegenzuschweben. Meertau zuckte zusammen und erwachte. Auf diese Weise fand der Traum jedes Mal an derselben Stelle sein plötzliches Ende.

Doch so viel die Prinzessin auch über diesen Traum nachdachte, es wollte ihr weder gelingen, ihn zu deuten, noch kannte sie eine Pflanze, die derjenigen in ihrem Traum auch nur im Geringsten ähnelte.

Eines Tages streifte Meertau durch die Felder und Wiesen in der Nähe ihres Dorfes. Als sie müde wurde vom vielen Gehen, legte sie sich in das hohe Gras und ruhte sich aus. Plötzlich hörte sie Stimmen, doch als sie sich aufrichtete, um nachzuschauen, wer da wohl gesprochen hatte, sah sie nichts weiter als eine Wildrose und einen etwas verdörrt aussehenden Busch. So verharrte sie nunmehr still, um den Stimmen zu lauschen, die sie vernahm.

„Ich bin das Gedächtnis der Menschen", sprach eine Stimme. „Eine böse Fee hat mich verzaubert, nachdem sie sich aus meinen Zweigen einen Tee gebraut hatte. Auf diese Weise habe ich ihr Gedächtnis gestärkt und sie an Dinge erinnert, die sie lieber hatte vergessen wollen. Aus Wut darüber nahm sie mir meinen Glanz und meine Schönheit, damit man mich nicht mehr erkennen kann. Prinzessin, erlöse mich, denn du kannst mir helfen. Ich bin der Rosmarin, von dem du nachts immer träumst!"

„Du glaubst doch nicht", hörte die Prinzessin nun eine andere Stimme sagen, „dass sie dich hören kann, wenn sie dich nicht einmal sieht oder in ihren Träumen erkennt!" Verwundert blickte sich die Prinzessin nochmals um, als suche sie jemanden, an den diese Worte gerichtet sein könnten. Aber da war niemand, dem dies hätte gelten können. Es gab nur sie und die zwei Pflanzen in ihrer Nähe.

„Ich glaube, sie versteht die Sprache der Pflanzen!", begann die erste Stimme von Neuem. „Des Nachts, wenn der Strahl des Mondes leuchtet, vermag sie in meine Seele zu blicken, denn sie sieht mich in den Himmel schweben. Sie ist wie ich. Sie hilft den Menschen, sich zu erinnern, weil sie ihnen zuhören kann. Sie erwärmt sie mit ihren Worten und sie duftet, wie ich einmal geduftet habe. Also weshalb sollte sie mich nicht verstehen können?"

„Aber ich kann dich ja wirklich hören!", entfuhr es der Prinzessin, und erschrocken richtete sie sich auf, um sich dem dörren Strauch zu nähern. „Was kann ich tun, um dich zu erlösen?", fragte sie den Busch, der vor ihr stand und mit ihr zu sprechen schien. Erfreut sprach der Rosmarinstrauch: „Nimm von meinen Zweigen. Mit ihrer Hilfe sollst du das Leben dreier Menschen erhellen." „Aber wie soll das gehen? Du siehst so unansehnlich aus!", rief die Prinzessin verzweifelt. „Keiner wird an deine Kräfte glauben!" „Wir werden den Mond um seine Hilfe bitten müssen", sprach der Rosmarin.

Da bemerkte die Prinzessin, dass es schon dunkel und spät geworden war und plötzlich sah sie den Mond rund und schön am Himmelszelt leuchten. Und als sie zu ihm hinaufblickte, bemerkte sie auf einmal drei blinkende Mondfeen, die silbergrau, laut jauchzend an einem leuchtenden

Strahl des Mondes herunterrutschten und vor ihr auf die Erde purzelten. Vorsichtig hob die Prinzessin die kleinen Geschöpfe auf und betrachtete sie voller Entzücken. Die Erste leuchtete so wundervoll hell und klar, dass es eine Freude war sie anzuschauen. Die Zweite verströmte einen wohltuenden, angenehmen Duft und die Dritte ließ die schönsten Klänge verlauten, die je auf Erden vernommen worden waren.

Als die Prinzessin noch ganz versunken das Geschenk betrachtete, welches vom Himmel in ihre Hände gefallen war, riss die schon vertraute Stimme des Rosmarins sie abermals aus ihren Gedanken. „Brich nun drei Zweige von meinem Strauch ab, nimm sie mit und besuche die Menschen. Die Mondfeen werden dich begleiten und dir helfen, mich zu erlösen."

Die Prinzessin tat wie ihr geheißen war und machte sich auf den Weg. Aus einer ärmlichen Hütte, an der sie vorüber kam, vernahm sie ein leises Stöhnen. Sie trat ein und sah eine alte Frau, die sich vor Schmerzen krümmte. „Was fehlt dir Alte?", fragte die Prinzessin. „Die Glieder schmerzen so sehr, steif sind sie, fast nicht mehr zu bewegen und müde von der vielen Arbeit des Lebens", antwortete das Weib. „Ich habe dir ein Kraut mitgebracht", sprach die Prinzessin. "Ich werde dir ein Bad daraus bereiten, es wird deine Glieder erfrischen, die Durchblutung anregen und dich von Müdigkeit und Erschöpfung befreien." Als die Alte jedoch den kümmerlichen Rosmarinzweig in ihren Händen erblickte, sagte sie: „Zieh weiter mein Kind, dieser Zweig wird kein Wunder mehr bewirken." Da schlüpfte die erste Mondfee in das Kraut. Plötzlich durchfluteten Licht und Zuversicht den Raum. Die alte Frau war überwältigt von dem Glanz, der ihre Hütte blitzartig auszufüllen begann. Ganz ergriffen von dem Zauber, der hier mit einem Male vor sich ging, ließ sie sich nun doch noch überreden, ein Rosmarinbad zu nehmen. Da wurde ihr Körper erfasst von einer Welle des Wohlbefindens und die Schmerzen wichen langsam aus ihrem Leib. Voller Freude und neuer Hoffnung blickte die alte Frau nun der Zukunft entgegen. Als die Prinzessin längst gegangen war, blühte vor der Hütte der Alten ein Rosmarinbusch, denn sie hatte den Rest des Zweiges in die Erde gesetzt.

Auf ganz ähnliche Weise gelang es der Prinzessin danach, einer jungen Frau zu helfen. Sie litt unter ständigen Ohnmachtsanfällen. Diese beeinträchtigten ihr Leben sehr. Die Frau getraute sich nicht einmal mehr alleine ins nahe gelegene Dorf zu gehen. Immer musste sie befürchten, unterwegs bewusstlos zu werden. Als die Prinzessin ihr gegenüber saß und sie davon überzeugen wollte, einen Rosmarintee zu trinken, blickte auch die junge Frau irritiert auf den dörren Zweig. Da glitt die zweite Mondfee in das Kraut. Sogleich umhüllte der herrliche Duft des Rosmarins, welcher durch die zweite Fee hervorgerufen worden war, die beiden Frauen. Er bezirzte das Mädchen und es war berauscht von dem plötzlichen Wohlgeruch der Pflanze. Als der Tee zubereitet war, nahm es seine Tasse und trank davon. Sogleich kam neuer Schwung in ihr Herz und sie fühlte sich leicht und beschwingt, ein Leben lang.

Danach gelangte die Prinzessin zu dem Haus eines jungen Bauern. Er hatte nicht viel zu essen, aber er lud sie ein, mit ihm Fisch, Kartoffeln und etwas Brot zu teilen. Das war alles, was er zu dieser Jahreszeit hatte, und insgeheim wünschte er sich sehr, sich einmal an einem fürstlichen Mahl zu erfreuen. Schüchtern zeigte die Prinzessin ihren letzten Rosmarinzweig und bot an, ihn zum Würzen der Speisen zu verwenden. Der junge Mann blickte ihr erstaunt in die Augen und glaubte, dass sie sich einen Scherz mit ihm erlaubte. Unbemerkt schlüpfte die dritte Mondfee in den Zweig. Plötzlich schienen Töne den Zweig zu beseelen und nachdem der junge Mann ihn daraufhin zu den Speisen gegeben hatte, aßen er und die Prinzessin von der Köstlichkeit und ein wohliges Gefühl ging ihnen durch den Magen.

Doch die beiden vernahmen noch eine andere Musik, die nicht von der dritten Fee des Mondes herrühren konnte. Es war die Musik ihrer eigenen Herzen, die hier zu spielen begann. Das Glück zog bei ihnen ein und plötzlich begannen im ganzen Land die Rosmarinsträucher zu erblühen und zu duften. Bald sollte Hochzeit gehalten werden.

Und der Rosmarin war bereit. Die Braut hatte ihn für ihren Brautstrauß auserwählt. Seine blassblauen Blüten sahen aus, als hätte der Frühnebel sie vergessen, nachdem er sich aufgelöst hatte. Noch immer schimmerten sie nämlich in dem durchsichtigen Blau der Tautropfen in der Morgendämmerung.

Seit jener Zeit war der Rosmarin noch oft stummer Zeuge, wenn sich die Musik in den Herzen zweier junger Menschen zu einer gemeinsamen Melodie verband. Aber er sprach nie wieder zu ihnen ein Wort. Doch den betörenden Duft, die herrlich leuchtenden Blüten und den Klang des Glücks wird man bis zum heutigen Tage bei ihm finden können, da er von den drei Mondfeen für immer damit beseelt worden war.

Steckbrief:
Rosmarin *Rosmarinus officinalis*

Name und Familie: Der Rosmarin gehört zu der Familie der Lippenblütengewächse, Lamiaceae. Man nennt den Rosmarin auch Brautkleid, Hochzeitsbleaml, Kid oder Meertau. Der Name Rosmarin leitet sich aus dem lateinischen *ros marinus* ab. *Ros* bedeutet „Tau“ und *marinus* heißt „zum Meer gehörend“, also „Meertau“. Diese Pflanze wurde vermutlich deshalb so genannt, da sie hauptsächlich am Mittelmeer wächst und sich der Tau der Nacht in den Blüten sammelt.

Standort und Botanik: Der Rosmarin wächst bevorzugt in Mittelmeerländern und an trockenen Hängen. Er ist bedingt winterhart. Er hat lange, nadelförmige, am Rand umgeschlagene Blätter. Ihre Oberseite glänzt und die Unterseite ist filzig und behaart. Die blass blauen kleinen Blüten, die im oberen Teil in Scheinquirlen stehen und viel Nektar enthalten, blühen von März bis Mai. Der herrlich duftende Rosmarin kann ein bis zu 2 m hoher Strauch werden und hat stark verzweigte Äste.

Ernte der Pflanzenteile: Vom Rosmarin werden die Blätter (folium) und das aus den Blättern gewonnene ätherische Öl (aetheroleum) verwendet. Die Blätter werden vor der Blütezeit geerntet, sie müssen rasch aber vorsichtig getrocknet werden: Um das flüchtige ätherische Öl zu erhalten, dürfen sie dazu nicht in die Sonne gelegt werden. Sollen die Blätter frisch verwendet werden, sollte man sie nicht klein schneiden, getrocknet hingegen schon.

Inhaltsstoffe, Wirkungen und Indikationen: Der Rosmarin enthält ätherische Öle (1,8-Cineol, Borneol, Kampfer u. a.). Zudem hat er noch Gerbstoffe (hauptsächlich Rosmarinsäure), Flavonoide, Bitterstoffe und wenig Saponine. Die Pflanze regt Herz, Kreislauf, Gefäße und Peripherie an, ist durchblutungsfördernd, krampflösend, fördert die Sekretion von Magen- und Gallensaft, wirkt konzentrationsfördernd und äußerlich hautreizend.

Innerlich kann der Rosmarin als Tonikum eingenommen werden bei niedrigem Blutdruck, Kreislaufschwäche und in der Rekonvaleszenz. Äußerlich wirkt die Pflanze schmerzstillend bei Neuralgien, Rheuma und Gicht. Sie wärmt bei kalten Händen und Füßen und wirkt anregend als Badezusatz bei Kreislaufbeschwerden, Müdigkeit und Erschöpfung. Traditionell wurde der Rosmarin bei Verdauungs- und Menstruationsschmerzen eingesetzt und als potenzsteigerndes Mittel angewandt.

Darreichungsformen und Zubereitung: Innerlich kann der Rosmarin als Tee, Wein, Presssaft und als Fertigpräparat verabreicht werden. Alkoholische Extrakte wirken intensiver. Teezubereitung: 1 TL Droge zerkleinert mit 150 ml siedend heißem Wasser übergießen, 7 Minuten bedeckt ziehen lassen und anschließend abgießen. Von dem Tee kann man 3- bis 4-mal täglich 1 Tasse trinken.
Äußerlich wird die Droge in Form von Spiritus (das ist ein Auszug von Pflanzen in Weingeist und wird zum Einreiben verwendet), Öl, Salbe oder im Bad angewandt. Für den Rosmarin-Spiritus zum Einreiben, werden ca. 50 g Rosmarinblätter mit 250 g 70%igem Alkohol (Weingeist) angesetzt. Nach 10 Tagen abseihen.

Kontraindikationen und Nebenwirkungen: Abends angewandt kann es zu Schlafstörungen kommen. Das ätherische Öl ist in der Schwangerschaft zur Selbstbehandlung kontraindiziert, da Öle mit einem zu hohen Kampfergehalt Wehen auslösen können.

Anekdoten und Besonderheiten: In Oberbayern wird der Rosmarin immer noch als Brautstrauch verwendet. Als Fruchtbarkeits- und Liebessymbol war der Rosmarin der Liebesgöttin Aphrodite geweiht. Der Rosmarinstrauch stand als Zeichen für Treue und Aufrichtigkeit in der Liebe.

Rezepte

Als Gewürz kann Rosmarin zu Fleisch, Geflügel, Fisch und Kartoffeln verwendet werden.
Rosmarinwein (nach Alfred Sigrist): Hierfür werden 40 – 50 g fein geschnittene Rosmarinblätter mit 1 l Málaga-Wein angesetzt und nach 8 Tagen wieder abgefiltert. 3-mal täglich 1 Likörglas bringt neuen Schwung ins Leben.
Teerezeptur „Muntermacher“: Als Ersatz für Kaffee kann folgender Tee getrunken werden: 10 g Rosmarin, 30 g Grüntee, 10 g Lemongras mischen, ½ TL der Mischung mit 150 ml siedend heißem Wasser übergießen, 5 Minuten bedeckt ziehen lassen und anschließend abgießen.

Geschwisterliebe

Wegwarte und Löwenzahn

Es geht die Sage um, ich sei eine verzauberte Prinzessin und ich hätte einst am Wegesrand so lange verzweifelt auf meinen Liebsten gewartet, bis man mich in eine Pflanze verwandelt hat. Meine blauen Blüten würden alles Leid der Welt sammeln und mit der Sehnsucht eines jeden Wanderers verschmelzen, der vorüber kommt und mit seinem Blick meine Blüte streift. Manches ist wahr, vieles auch nicht. Die Menschen erzählen einiges über mich. Manchmal legen sie ihren eigenen Weltschmerz und ihr ganzes Verlangen in eine Geschichte und auf diese Weise wird sie lebendig, ganz so als sei es tatsächlich derart geschehen.

Aber ich werde jetzt nicht über die alten Geschichten berichten, die man sich bis heute über mich erzählt und die weithin bekannt sind. Ich möchte über zwei Anekdoten aus meiner Jugend plaudern, in der ich frech und furchtlos jedem Tag entgegenblickte. Entscheidet selbst, ob ihr folgende Geschichten glauben wollt oder nicht.

Aber erst einmal werde ich mich vorstellen: Ich bin die Wegwarte! Manch böse Zungen nennen mich auch Rattenwurz, obwohl ich nichts mit diesen Viechern zu tun habe. Aber ich heiße auch Wegeleuchte oder Zichorie. Woher dieser Name kommt, erkläre ich euch später. Ich habe auffallend schöne, blaue Blüten. Aber meine ganze Schönheit zeige ich immer erst im Juli. Dann blühe ich auf und spiegele den blauen Himmel, ganz so, als sei ein wenig von seiner Farbe auf die Erde getropft. Soll ich euch noch etwas verraten? Ich bin die Schwester des Löwenzahns! Da staunt ihr, was? Wir stammen beide aus der Familie der Korbblütengewächse, und im Frühjahr, als ganz junge Pflanzen, sehen wir uns zum Verwechseln ähnlich. Unsere frischen Blätter können nämlich die wenigsten voneinander unterscheiden. Und in unseren ungestümen jugendlichen Zeiten konnten wir deshalb mit den Menschen schon so manchen Schabernack treiben.

Eines Tages beispielsweise ärgerten wir die alte Frau Zipfel. Auf die hatten wir es schon lange abgesehen, da sie meinen Bruder, den Löwenzahn, überhaupt nicht mochte und ihn einige Jahre zuvor, als er im Frühjahr gerade prächtig in ihrem Garten aufzublühen begann, auf das Fürchterlichste beschimpfte. „Ich liebe die Farbe blau!", und „pfui, was für ein scheußliches Gelb!", rief sie damals, riss ihn mitsamt seinen Wurzeln aus dem Boden und schleuderte ihn in hohem

Bogen in den Garten des Nachbarn. Schon damals war alles blau bei Frau Zipfel ums Haus. Die Fensterläden, die Holzbank vor der Türe und selbst die Gartenzwerge waren in dieser Farbe gekleidet. Rittersporn rahmte ihre Hofeinfahrt und nun wollte sie zu allem Überfluss auch noch mich, die Wegwarte, in ihren Garten pflanzen. Da mussten wir uns natürlich etwas einfallen lassen, denn Geschwister halten doch zusammen, oder nicht?
Als sie mich dann fein säuberlich in ihren Garten gepflanzt hatte, besuchte mich eines Nachts der Löwenzahn und kurz entschlossen tauschten wir unsere Plätze. Von da an wuchs er voller Stolz und Genugtuung an meiner Stelle fort. Ahnungslos hegte und pflegte die alte Frau Zipfel jetzt meinen Bruder, den Löwenzahn, denn sie wäre niemals auf die Idee gekommen, dass wir getauscht haben könnten. Sie begoss ihn jeden Abend und begrüßte ihn des Morgens auf das Höflichste, so dass der Löwenzahn sogar begann, ihr den rauen Ton von damals zu verzeihen. Erst als er gar keine Anstalten machte zu wachsen, wurde die Alte mit einem Male stutzig. Als sie dann die ersten gelben Blüten entdeckte, wusste sie, dass sie auf einen Schwindel hereingefallen war. Diesmal hatte sich der Löwenzahn gut vorbereitet. Überall ergoss sich die goldgelbe Farbe meines Bruders in ihrem Garten und es war eindeutig zu spät, ihn wieder loszuwerden. Dann aber geschah etwas, mit dem wir alle nicht gerechnet hatten. Nachdem die Alte einige missglückte Versuche unternommen hatte, die Pflanze wie damals wieder aus ihrem Garten zu entfernen, ergab sich die Frau plötzlich ihrem Schicksal. Sie schniefte nur einmal kurz auf und ging alsbald daran, die Läden, die Bank, kurzum alles in die goldgelbe Farbe des Löwenzahns umzustreichen. Sie opferte selbst den Rittersporn und schenkte ihn einer entfernten Bekannten.
Als ich danach einmal den Löwenzahn besuchte, sagte dieser plötzlich zu mir: „Und im nächsten Frühjahr, da tauschen wir wieder!“ Voller Schadenfreude gingen wir an diesem Abend auseinander und konnten es kaum erwarten, bis der Frühling im darauf folgenden Jahr wieder erwachen sollte.
Das war natürlich, wie ihr euch denken könnt, nicht das einzige Mal, dass wir die Menschen an der Nase herumgeführt hatten. Schon in der Zeit der Monarchie hatten wir unseren Spaß und sorgten zugleich für ein wenig mehr Gerechtigkeit in der Welt. Sogar Könige, die erhaben von ihrem Thron aus gedachten die Welt zu regieren, sollten vor uns nicht sicher sein. Nicht einmal ein gesamter Hofstaat konnte die Regenten vor uns, der Wegwarte und dem Löwenzahn, beschützen. Selbst ein ganz besonders wichtiger König, welcher im Besitz vieler Ländereien war und ein großes Volk regierte, das ihm treu und ergeben folgte, sollte einmal zu spüren bekommen, dass mit uns nicht immer zu spaßen war. Es traf den König Muckefuck.
Dieser war weit über die Grenzen hinaus als der König des Kaffees bekannt. Selbst in jenen Zeiten, als der Kaffee auf dem europäischen Festland knapp wurde, wartete er stolz damit auf und servierte zu jeder Gelegenheit das köstlich duftende Getränk. Manch einer fragte sich schon,

woher dieser König den Kaffee wohl noch beziehen konnte, da sonst überall im Land die Vorräte zur Neige gegangen waren. Allein wir, ich, die Wegwarte, und mein Bruder, der Löwenzahn, wussten natürlich, auf welch erbärmliche Weise der König die Menschen betrog und zu welch schändlichen Taten er sich bereit erklärt hatte.

Er hatte nämlich mit einer alten Kräuterhexe ein geheimes Abkommen getroffen. Auf Leben und Tod hatte sie schwören müssen, ihn Zeit seines Lebens mit seinem geliebten Getränk zu versorgen und das Rezept davon niemandem zu verraten. Er hingegen versprach ihr, dass sie für immer in seinem Schloss wohnen könne und wies seinen Koch an, sie mit kulinarischen Köstlichkeiten reichlich zu versorgen. Sie verwöhnte ihn nun täglich mit dem heißen, duftenden Getränk. Dass es kein echter Kaffee mehr war, mit dem sie ihn beglückte, kümmerte ihn wenig. Die Alte grub nämlich meine Wurzeln aus, zerkleinerte sie und fettete sie ein. Danach wurden diese zusammen mit Zucker in Blechtrommeln gegeben, geröstet und sofort gemahlen. Auf diese Weise zubereitet schmeckten sie ganz ähnlich wie der begehrte Trunk.

Damit stieg der Reichtum des Königs erheblich, da ein jeder, der Rang und Namen hatte, von ihm diesen Kaffee aus meinen Wurzeln erwerben wollte. Und König Muckefuck verkaufte das begehrte Pulver, den Zichorienkaffee, fortan unter seinem eigenen Namen. Da niemand außer ihm und der Alten wusste, dass es kein echter Kaffee war, konnte er immer höhere Preise dafür verlangen. Auf diese Weise wurde der König nicht nur steinreich, sondern auch sein Ansehen und seine Macht stiegen beträchtlich. So hielt er sein Volk gefügig, und auch als er längst nicht mehr gerecht zu regieren vermochte, getraute sich niemand, sich gegen ihn aufzulehnen, geschweige denn, ihn als Herrscher in Frage zu stellen.

Jetzt war es an uns, dieser Hochstapelei und dem Betrug endlich ein Ende zu setzen, zumal er mich ja dazu benutzte, seine Macht und seinen Thron zu sichern. Als die Nachfrage nach dem Zichorienkaffee immer größer wurde, fassten wir einen Plan.

Wir machten es damals schon genau so, wie später bei der alten Frau Zipfel. Der Löwenzahn wuchs nun an meiner Stelle im Garten des Königs Muckefuck. Dorthin hatte sein Gärtner mich gepflanzt, um meine Wurzeln immer vorrätig zu haben. Als der Schwindel aufflog, hatte ich mich schon längst in einer anderen Wiese versteckt. Nun begannen alle aus dem Königshaus hektisch nach mir zu suchen, das könnt ihr euch wahrscheinlich vorstellen. Aber immer dann, wenn jemand in meiner Nähe war, der nach einem Abgesandten des Königs aussah oder ich die Hexe selbst erkannte, schloss ich geschwind meine Blüten, damit sie mich nicht finden konnten. Die Engel müssen mir beigestanden haben, denn tatsächlich gingen sie alle an mir vorüber, ohne mich zu entdecken. Aus Angst, sie könnten wiederkommen, getraute ich mich von da an nur noch ganz früh am Morgen, meine Blüten zu öffnen und schloss sie bereits wieder, sobald sich die Dämmerung auflöste, unter deren Schutz ich mich sicher fühlte, und das helle Licht des Tages *zu leuchten begann. Ich wurde zum Frühaufsteher, denn so würden sie des Tags nichts als eine verblühte Pflanze vorfinden, deren Glanz bereits erloschen war.*

Der König wurde in diesen Tagen zuerst zornig, hernach verzweifelt, denn schon sah er seine Vorräte schwinden. Es dauerte auch nicht lange und sein Königreich erlosch. Mit dem Kaffee waren auch der Glanz, der Ruhm und der Reichtum des Herrschers dahingegangen.

Ich aber wuchs fortan in einem prächtigen Garten, wurde sehr groß und wunderschön. Dem Mann, auf dessen Anwesen ich mich versteckt hielt, erzählte ich, wie mein bisheriges Leben am Hofe verlaufen war und wie man mich zu Kaffee verarbeitet hatte. Er fand heraus, dass ich nicht nur als Kaffeeersatz zu gebrauchen war, sondern noch viel mehr Qualitäten vorzuweisen hatte und er half mir, meine vielfältigen Fähigkeiten zu entfalten. So konnte ich endlich mit seiner Hilfe das tun, wofür ich eigentlich geschaffen war: Ich unterstützte von nun an lustlose, energiearme Menschen, sodass sie wieder Freude am Essen bekamen, stärkte die Leber und Galle und, was mich besonders freute, ich half so manchen Kindern mit meinem milden bitteren Saft stärker und kräftiger zu werden. Aber ich muss auch bei der Wahrheit bleiben und Wahrheit heißt, alles zu erzählen. Ihr müsst also wissen, dass ich auch ein großes Laster habe. Ich habe eine Schwäche für Schwermetalle jeder Art, die ich gerne mit meinen Wurzeln aus dem Boden sauge. Ich finde sie einfach unwiderstehlich und lasse sie nicht wieder los. Na ja, etwas peinlich ist mir das schon. Aber ich kann nichts dagegen tun. In der Regel ist der Boden ja sauber und rein, also keine Angst, man kann mich meist trotzdem ohne Sorge an Ort und Stelle verspeisen.

Eines Tages besuchte mich wieder einmal mein Bruder, der Löwenzahn, aber diesmal nicht um zu tauschen, sondern weil ich ihm fehlte. Wir hielten uns ganz fest, Hand in Hand standen wir auf der Wiese und fühlten uns sehr verbunden. Als der junge Mann uns so dastehen sah, musste er lächeln, denn ihm kam sogleich eine Idee: Er legte unsere Wurzeln, die vom Löwenzahn und meine, in einen guten Likörwein ein. Ein paar Monate später konnte er unseren wunderbar wohltuenden Wurzelwein kosten. Ein wahrhaft köstliches und äußerst gesundes Getränk, das ihr unbedingt einmal ausprobieren solltet! So, jetzt habe ich genug geprahlt, aber irgendwann musste das alles eben auch einmal gesagt sein! Wenn ich manchmal nachts wieder von Ängsten geplagt werde und fürchte, doch noch entdeckt und wieder als Kaffeeersatz missbraucht zu werden, versuche ich mir stets mein Leben vor Augen zu führen. Und dann kann ich es ganz deutlich vor mir sehen, dass ein Jeder von uns seinen Platz, seine Bestimmung und seine Freiheit auf Erden hat und ich keine Furcht mehr zu haben brauche und ich meine Blüten beruhigt länger geöffnet lassen kann, um auch die Sonne in mein Herz zu schließen. Denn der richtige Zeitpunkt wird kommen, wo man plötzlich wirkt und lebt und seinen ganz eigenen Weg sicher und unumstößlich zu Ende zu gehen vermag, ungerührt dessen, dass der beginnende Tag mit seinem Licht die Tarnung der Dunkelheit und der Morgendämmerung aufzuheben vermag.

Steckbrief: Wegwarte Cichorium intybus

Name und Familie: Die Wegwarte gehört zu der Familie der Korbblütengewächse, Asteraceae (Compositae) und wird auch Zichorie, Rattenwurz, Sonnenwirbel, Wegleuchte und Hindeg genannt. Der Name Wegwarte bezieht sich wahrscheinlich auf den Standort dieser Pflanze, da sie gerne an Wegesrändern steht. Einer Sage nach ist die Wegwarte mit ihren himmelblauen Blüten eine verzauberte Prinzessin, die am Wegesrand auf ihren Liebsten wartet.

Standort und Botanik: Die Wegwarte wächst gerne auf lehmigem Boden, am Wegrand, an Bahndämmen und auf Brach- und Ödland. Die unteren Blätter der Wegwarte stehen in einer Rosette, sie sind fiederteilig und werden nach oben hin, am Stamm entlang, einfacher und lanzettlich. Ihre Blattrosette kann mit der des Löwenzahns leicht verwechselt werden. Die schönen Blüten sind blau bis rosaweiß. Sie sitzen meist einzeln in den Blattachseln und blühen von Juli bis September. Die Blüten öffnen sich bereits ganz früh am Morgen, nur wenn die Sonne scheint, und schließen sich wieder am Mittag. Sie verblühen schnell, werden jedoch gleich wieder durch neue ersetzt. Ohne ihre Blüten ist die Wegwarte sehr unauffällig und wird kaum wahrgenommen. Der Stängel kann bis zu 1,50 m hoch werden. Er ist hohl, rau, sehr sparrig und verästelt. Die Wurzel ist lang und spindelförmig. Die ganze Pflanze enthält einen bitteren Milchsaft.

Ernte der Pflanzenteile: Es werden sowohl das Kraut (herba) als auch die Wurzel (radix) verwendet. Die Wegwarte erntet man im Juli als blühendes Kraut und trocknet sie möglichst schnell an der Luft. Die Wurzeln sollten im Spätherbst ausgegraben, gewaschen und halbiert an einem luftigen Platz getrocknet werden.

Inhaltsstoffe, Wirkungen und Indikationen: Die Wegwarte enthält Bitterstoffe, Gerbstoffe, Cichoriumsäure, Inulin, wenig ätherisches Öl und Pentosane. Sie wirkt schwach appetitanregend, gallenflussfördernd, anregend und kräftigend.
Innerlich wird die Wegwarte bei Appetitlosigkeit, Verdauungsbeschwerden, Blähungen, Pankreasschwäche, gestörtem Gallenabfluss, Leberstörungen und bei Stoffwechselstörungen eingesetzt. Bei letzteren wird sie gerne zusammen mit Pfefferminze, Kamille und Tausendgüldenkraut eingenommen. Die Wegwarte ist ein Amarum tonicum, das heißt die allgemein tonisierende, kräftigende Wirkung steht im Vordergrund. Mit einem Bitterwert (= BW) von 800 ist sie ist ein mildes Bittermittel, das auch bei Personen, die den bitteren Geschmack ablehnen und bei Kindern eingesetzt werden kann. Äußerlich werden Waschungen aus Weg-

wartentee bei unreiner Haut angewandt. Traditionell wird die Wegwarte in der Volksheilkunde auch bei rheumatischen Beschwerden eingesetzt.

Darreichungsformen und Zubereitung: Die Pflanze kann als Tee, Tinktur oder als Arzneiwein eingenommen werden. Tee: 1 TL Kraut mit ¼ l heißem Wasser übergießen, 5 Minuten ziehen lassen und abgießen. Es sollen täglich 2 Tassen getrunken werden.

Kontraindikationen und Nebenwirkungen: Es können eventuell allergische Hautreaktionen auftreten (bei Korbblütlerallergie). Bei bekannter Allergie gegen Korbblütler sollte die Wegwarte nicht eingenommen werden. Bei Gallensteinen darf sie nur nach ärztlicher Rücksprache angewendet werden.

Anekdoten und Besonderheiten: Hildegard von Bingen setzte die Wegwarte bei Verdauungsschwierigkeiten und Heiserkeit ein. Sie sah die Pflanze auch unter magischen Gesichtspunkten. Sie sprach den Menschen, welche die Wegarte bei sich trugen, Willen zur Macht und Herrschaftsansprüche zu. Die Wegwarte hat eine Vorliebe für Schwermetalle aller Art. Sie nimmt diese je nach Standort mit ihren Wurzeln auf und ist dann belastet. Andererseits kann sie auch dazu verwendet werden, Schwermetalle wie beispielsweise Blei oder Quecksilber im Körper zu binden. Dann geraten diese Stoffe nicht ins Blut sondern werden wieder aus dem Körper ausgeschieden.

Steckbrief Löwenzahn Seite 10

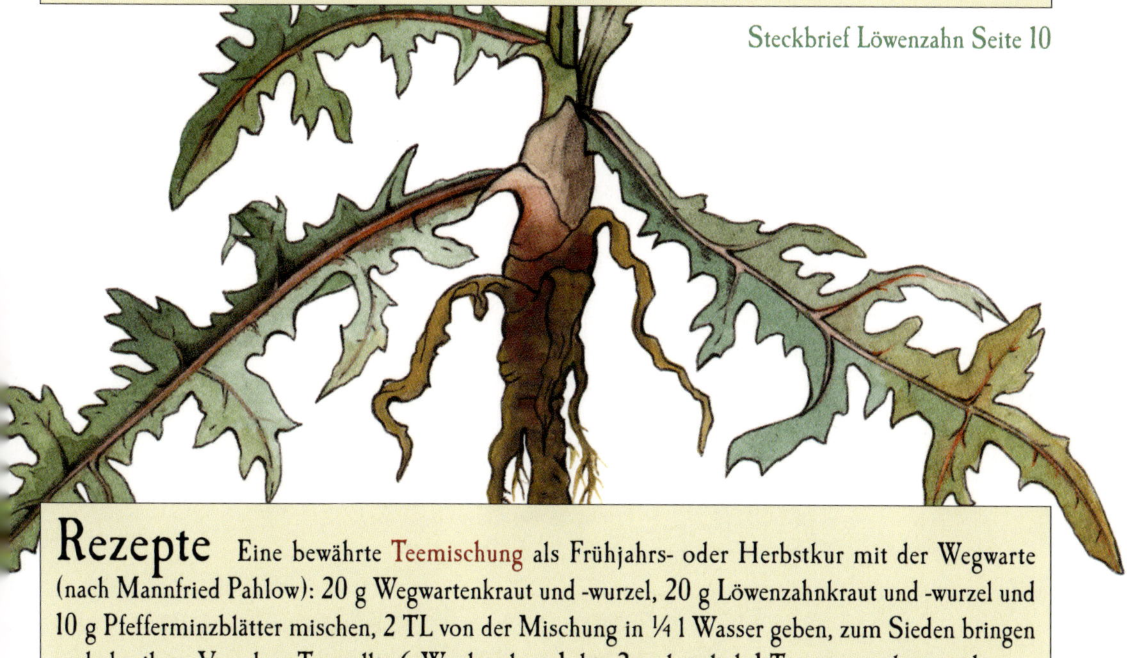

Rezepte

Eine bewährte Teemischung als Frühjahrs- oder Herbstkur mit der Wegwarte (nach Mannfried Pahlow): 20 g Wegwartenkraut und -wurzel, 20 g Löwenzahnkraut und -wurzel und 10 g Pfefferminzblätter mischen, 2 TL von der Mischung in ¼ l Wasser geben, zum Sieden bringen und abseihen. Von dem Tee sollte 6 Wochen lang 1- bis 2-mal täglich 1 Tasse getrunken werden.
In Kriegszeiten wurde die getrocknete Wurzel der Wegwarte als Kaffeeersatz verwendet, das Genussgetränk war als Muckefuck oder Zichorienkaffee bekannt. Wegwartenkaffee enthält allerdings kein muntermachendes Koffein. Zichorienkaffee: Wegwartenwurzeln gut waschen und in kleine Stücke hacken; im Ofen bei ca. 200 °C 15 Minuten lang rösten; die gerösteten Stücke wie Kaffeebohnen mahlen, mit heißem Wasser übergießen und nachher filtern.

Weggefährten

Brennnessel und Spitzwegerich

Die Brennnessel war ein stolzes und unnahbares Gewächs. Obgleich sie keine sehr auffällige Blüte besaß und auch sonst durch nichts aus der allgemeinen Blütenpracht herauszuragen vermochte, da sie weder besonders schön, noch sehr anmutig schien, war sie dennoch bekannt im ganzen Land. Jeder, der schon einmal mit einer Brennnessel Bekanntschaft gemacht hatte, wusste genau, was es hieß, ihr zu nahe zu treten. Überall, an Stiel und Blättern, besaß diese Pflanze kleine, zarte, unauffällige Härchen, die wohl nicht weiter von Bedeutung gewesen wären, hätten sie nicht eine sehr unangenehme Eigenschaft besessen, welche sich in die Erinnerung eines Betroffenen förmlich einzubrennen schien und ihn hernach dazu veranlasste, in Zukunft mehr Abstand zu dieser Pflanze zu wahren. Die Brennnessel brannte. Das verkündete sie schon laut und vernehmlich mit ihrem Namen. Berührte eine Brennnessel die Haut eines Menschen, verwandelte sich diese sogleich höchst eigenartig. Aus dem Nichts zeigte sich urplötzlich eine dicke, rote Quaddel auf der versengten Haut, die nicht nur schlimm anzusehen war, sondern auch unverzüglich zu brennen und zu schmerzen begann.

Die Brennnessel amüsierte sich besonders über die Kinder. Berührte sie ihre nackten Beine, begannen die Kleinen sogleich, sich sonderbar zu gebärden. Sie schrieen, hüpften und verbeugten sich tief vor der Nessel, wenn sie an ihrer schmerzenden Stelle heftig rieben. Auf diese Weise nährten sie den Stolz und Hochmut dieser Pflanze. Denn der Brennnessel gefiel dies sehr. Sie fühlte sich geschmeichelt, wichtig und mächtig, da es ihr immer wieder gelang, eine so ehrfurchtsvolle Geste auszulösen. Die Kinder hatten sehr großen Respekt vor ihr. Was wollte sie mehr?

Der Spitzwegerich mit seinen langgestreckten, gestreiften Blättern aber, der aus einiger Entfernung alles mit ansehen musste, blickte oft böse und tadelnd zur brennenden Pflanze hinüber. Diese winkte jedoch nur kess mit ihren Blüten. „Soll ich dich auch einmal tanzen lassen?", rief sie eines Tages zu dem steifen Kerl im Nadelstreifenanzug hinüber. Dieser streckte sich daraufhin, wurde lang und schmal, um an Größe zu gewinnen, was gemessen an der Größe der Nessel aber eher possierlich als ehrfurchtsvoll wirkte. „Tu, was du nicht lassen kannst!", schnauzte er zurück und „Dir werde ich es schon zeigen!", zischte er noch hinterher. Von diesem Tage an standen fast überall dort, wo es Brennnesseln gab, auch die Spitzwegeriche herum. So lebten die zwei Ge-

wächse mehr oder weniger friedlich Seite an Seite, bis zu jenem Tage, als sich einige Kinder auf der Wiese hinter dem Bach einfanden, dort wo die Pflanzen wuchsen.

Die Kinder wollten Fangen spielen und rannten auf der Wiese hin und her. Da konnten es sich die Nesseln nicht mehr verkneifen und sie riefen einander zu: „Kommt, lasst uns Kinderbeine streicheln!“ Gerade als ein kleiner Junge ganz in der Nähe einer Brennnessel vorbeiflitzte, beugte sich diese ganz unauffällig nach vorn und berührte sanft seine Wade. „Autsch, verflixt“, schrie der Bub! Darauf hatte der steife lange Kerl im Nadelstreifenanzug nur gewartet. Als sich das Kind nach unten neigen wollte, um die schmerzende Stelle zu reiben, streckte er sich plötzlich empor und schrie laut und vernehmlich dem Kind ins Gesicht: „Pflücke mich, zerreibe mich zwischen deinen kleinen Kinderhänden und trage meinen Saft auf deine schmerzende Stelle auf.“ Der Junge blickte erstaunt auf diese Pflanze, die sich so sonderbar ereiferte und laut schrie, aber verdutzt tat er, wie ihm geheißen war. Das Brennen hörte sofort auf und verwundert erzählte er später den anderen Kindern, was geschehen war. Von da an verbeugten sich die Menschen vor dem kleinen Spitzwegerich, wenn sie ihn pflückten, um ihre von der Brennnessel verursachten Schmerzen zu lindern.

Ja, es waren schlechte Zeiten für die Nesseln. Und noch etwas trug dazu bei, ihr von da an schon sehr angeknackstes Selbstbewusstsein noch ein wenig mehr zu schmälern und dem Spitzwegerich Genugtuung zu verschaffen. Jetzt kamen nämlich manchmal Frauen auf die Wiese hinter dem Bach. Sie streiften sich Handschuhe über ihre Hände, pflückten die Nesseln ungerührt ab, warfen sie in einen mit Wasser gefüllten Eimer und legten einen Deckel darauf. Das begann der Brennnessel mit der Zeit furchtbar zu stinken und öffnete man das Gefäß, verbreitete sich ein stechender, unangenehmer Geruch über die Wiese. Der Spitzwegerich triumphierte und die Frauen schienen zufrieden. Und erst als die Nesseln völlig verfault sich als braune, stinkende, schleimige Masse mit dem Wasser verbanden, lüfteten sie den Deckel und gossen den erbärmlichen Inhalt über ihre Äcker und die Beete vor ihrem Haus. Erst viele Wochen später, als aus dem gedüngten Boden die herrlichsten Blüten und Beeren erwuchsen, bekam die Brennnessel endlich eine Ahnung davon, was es bedeutete, seinen Platz zu haben in dem wundervollen Zusammenspiel der Natur.

Von da an stand die Nessel wieder aufrecht auf der Wiese hinter dem Bach, am selben Ort, aber beseelt und getragen von einer Gemeinschaft, die ihr Sinn und Stärke verlieh.

Der Spitzwegerich, anfangs noch etwas irritiert über den Sinneswandel dieser Pflanze, versuchte nach einiger Zeit, sich der Brennnessel wieder zu nähern. Er war neugierig geworden da er ja sehen konnte, wie positiv sich die Nessel in letzter Zeit verändert hatte. Er wollte schließlich auch noch wachsen und mehr Würde erfahren. Vielleicht würde die Brennnessel ihm ja eines Tages ihr Geheimnis verraten, das ausschlaggebend für die Veränderung gewesen sein mochte. Als er sich einmal ganz in die Nähe dieser stattlichen Pflanze herangepirscht hatte, sah er zu seinem großen Erstaunen zahlreiche Schmetterlingsraupen auf der Nessel krabbeln, die munter schmatzend von ihr aßen. So wurde die Brennnessel eine der wichtigsten Schmetterlingspflanzen im ganzen Land. Wofür andere sich zu schade waren, stellte sie sich bereitwillig zur Verfügung, und so kam es, dass sich die Raupen vom Admiral, vom Tagpfauenauge und vom kleinen Fuchs fast ausschließlich von ihren Blättern ernährten. Nachdem sie geschlüpft waren, besuchten die schönen Schmetterlinge ihre Lieblingspflanze und erzählten ihr oft von Frühlingsbekanntschaften und abenteuerlichen Begegnungen, die sie auf ihren Flügen gehabt hatten.

Dann beugte sich der Spitzwegerich immer neugierig zur Seite und wenn er ganz aufmerksam lauschte, gelang es ihm, das meiste zu verstehen. Einmal erzählte ein Schmetterling gerade ein aufregendes Erlebnis mit einem Adler. Dem Spitzwegerich stockte an der spannendsten Stelle fast der Atem. Plötzlich erhob sich der Falter mit aufgeregtem Flügelschlag in die Luft und der Spitzwegerich glaubte schon, ein Greifvogel hätte es auf ihn abgesehen. Er fiel vor Schreck fast in Ohnmacht. Als der schlaksige Kerl aber endlich wieder klar denken konnte, sah er, dass sich ihnen nur Menschen genähert hatten und deshalb der Falter davongeflogen war.

Sie begannen damit, die Nessel zu zähmen, pflückten sie vorsichtig und verkochten sie zu einem Brei oder mischten sie einem Tee bei. Auf diese Weise setzte die Nessel so manches Mal heilende Kräfte frei. Die Menschen begannen, sich in ihrem Körper wieder wohl zu fühlen, sobald sie von ihr aßen und tranken. Die Nessel machte sie munter und schwemmte alles Gift aus ihrem Leib. Sie half auch bei Gliederschmerzen und Entzündungen im Körper. Im Frühjahr fühlte sich die Brennnessel besonders stark. Dann pressten die Menschen allen Saft aus ihren Blättern, um ihn zu trinken. So floss die neue Kraft dieser Pflanze auch in die Körper der Menschen und verlieh ihnen Ausdauer und Stärke.

Als dem Spitzwegerich dies zu Ohren kam, schaute er missmutig und neidisch zu der starken Pflanze hinüber. Schließlich hatte er ja auch eine Menge hervorragender Fähigkeiten. Man musste nur daran denken, wie er die Quaddeln der Brennnessel auf der Haut der Menschen mildern konnte oder Schnakenstiche zu lindern vermochte. Mit seinem Schleim half er den Menschen bei Husten und man konnte aus ihm eine hervorragende Suppe mit einem leckeren

Pilzgeschmack kochen. Beleidigt stand der Spitzwegerich auf der Wiese, schniefte und dachte, wie schade es war, dass dies alles die Menschen nicht zu interessieren schien.
Deshalb ist es jetzt besonders wichtig, dass du ihm beim Schlendern über die Wiese in Zukunft vermehrt deine Aufmerksamkeit schenkst. Vielleicht könntest du ihm ja eine schöne Geschichte erzählen, so laut natürlich, dass er es hören kann, zum Beispiel über seinen witzigen Heiligenschein, den er um seine Blütenähre trägt! Dann wird er lachen und bestimmt wieder fröhlich sein.
Aber als der Spitzwegerich sich noch missachtet von allen fühlte und missmutig vor sich hin zu starren begann, geschah plötzlich noch etwas Merkwürdiges auf der Wiese hinter dem Bach. An einem lauen Frühlingsabend trafen sich dort einige Menschen. Mit schweren Schritten gingen sie auf die Pflanzen zu und der Kerl im Nadelstreifenanzug erschrak sehr, denn er glaubte, nun ginge es ihm an den Kragen. Doch das Interesse der Menschen galt nicht dem Spitzwegerich, sondern schon wieder den Nesseln. Beherzt pflückten sie das Kraut und ehe man sichs versah, fingen sie an, sich gegenseitig mit den Stängeln samt Blättern auf den entblößten Rücken zu peitschen. Der Spitzwegerich war entsetzt und mit ihm noch einige andere Wiesenbewohner, die den Sinn dieses Unterfangens nicht ganz begreifen konnten. „Jetzt sind sie völlig übergeschnappt!", bemerkte er pikiert und war diesmal insgeheim sehr froh darüber, dass diese verrückten Menschen nichts von ihm wissen wollten. Später erfuhr er dann von der Brennnessel, dass ihnen dieses Peitschen Linderung verschaffte, wenn sie Schmerzen im Körper und in den Gelenken hatten.
So hatte die Brennnessel also ihren Platz in der großen Ordnung der Natur gefunden und nur manchmal saß ihr noch der Schalk im Nacken, immer dann nämlich, wenn sie nackte Kinderbeine vorübereilen sah. Dann konnte es schon geschehen, dass sie, von Übermut gepackt, versuchte, so ganz zufällig eine bloße Wade zu berühren und nur der Himmel war Zeuge ihres schelmischen Glücks, sobald es ihr gelungen war!

Steckbrief:

Brennnessel
große und kleine

Urtica dioica und Urtica urens

Name und Familie: Die Brennnessel gehört zu der Familie der Brennnesselgewächse, Urticaceae. Sie wird auch Donnernessel, Hanfnessel und Saunessel genannt. Urtica leitet sich von dem lateinischen Wort *urere* ab, das heißt „brennen" und deutet also auf die Eigenschaft der Pflanze hin. Nessel kommt vom germanischen „nezze" (= Zwirn). Früher wurden aus der Brennnessel Fasern gewonnen, die zum so genannten Nesselstoff verarbeitet wurden. Seit einigen Jahren wird in Norddeutschland versucht, wieder einen strapazierfähigen, preiswerten Nesselstoff zu entwickeln, der dem heutigen Tragekomfort entspricht.

Standort und Botanik: Die Brennnessel wächst gerne auf stickstoffreichen Böden, häufig in der Nähe von menschlichen Behausungen. Die Blätter der Brennnessel sind kreuzständig und gesägt und haben stechende Borsten, die Brennhaare. Die rispigen weiblichen Blütenstände sind nach der Befruchtung 3 – 8 cm lang. Die Pflanze blüht von Mai bis Juli. Der Stängel ist vierkantig und die Wurzel vielverzweigt. Die große Brennnessel ist zweihäusig und mehrjährig, die kleine Brennnessel ist einhäusig und einjährig und gleichzeitig „aggressiver".

Ernte der Pflanzenteile: Das Kraut (herba), die Samen (semen) und die Wurzel (radix) werden medizinisch verwendet. Die Blätter werden von Mai bis August geerntet, dann vorsichtig (mit einem Handschuh) vom Stängel gezupft, um sie luftig zu trocknen. Die Wurzeln können im Frühjahr oder Herbst ausgegraben und an der Luft getrocknet werden, während der Samen von August bis Oktober gesammelt wird.

Inhaltsstoffe, Wirkungen und Indikationen: Im Kraut sind Mineralstoffe (20 %), Phenolcarbonsäuren, Flavonoide und Vitamine enthalten, außerdem biogene Amine (Histamin, Serotonin, Acetylcholin) in den Brennhaaren. Die Blätter enthalten auch besonders viel Chlorophyll (Blattgrün).
Bei der Berührung der Brennnessel platzen die Brennhaare auf. Die austretende Flüssigkeit mit den Inhaltsstoffen Acetylcholin, Serotonin und Histamin verursacht

die typischen Quaddeln auf der Haut. Weniger als 1 Mikrogramm (1 millionstel Gramm) davon führt schon zum charakteristischen Brennen. Die ebenfalls enthaltene Ameisensäure verstärkt den Schmerz, ist aber nicht das Nesselgift. Die Samen enthalten Fettsäuren, Mineralien, Phytohormone und Vitamin E. In der Wurzel findet man u.a. Gerbstoffe, Polysaccharide und Phytosterole.

Das Kraut wirkt entwässernd, entzündungshemmend, stoffwechselanregend, entgiftend, vitalisierend, durchblutungsfördernd, blutbildend, harntreibend (aquaretisch) und milchbildend. Die Samen der Pflanze wirken aphrodisierend und vitalisierend. Die Wurzel der Droge hat immunmodulierende Eigenschaften.

Wichtig: Die Brennnessel wirkt entzündungshemmend und schmerzlindernd, u.a. weil sie die Freisetzung der Zytokine hemmt, die für Entzündungen in den Gelenken verantwortlich sind. In diesen Fällen ist es empfehlenswert, Brennnesselmus oder Pflanzenfrischsaft einzunehmen.

Innerlich: Das Kraut nimmt man zur Anregung des Körperstoffwechsels ein (Frühjahrskur). Zudem wirkt es bei Rheuma, Gicht und Arthrose, bei Hauterkrankungen, bei Erkrankungen der Harnwege (Nieren und Harngrieß), bei leichten Anämien (blutbildend), bei Erschöpfungszuständen und bei Frühjahrsmüdigkeit. Die Wurzel der Brennnessel hilft innerlich bei Prostatavergrößerungen und der Samen wirkt als pflanzliches Aphrodisiakum. Äußerlich: Die Pflanze wendet man äußerlich an bei neuralgischen, arthrotischen und rheumatischen Schmerzen, bei Ischias, bei Zerrungen und Sehnenscheidenentzündungen. Traditionell: Die Pflanze regt die Milchbildung an und wird auch bei Wechseljahrsbeschwerden eingesetzt.

Darreichungsformen und Zubereitung: Innerlich können die Brennnesselblätter als Tee, Frischpflanzenpresssaft, Mus, Wildgemüse und als Fertigpräparat eingenommen werden. Äußerlich kann sie als Spiritus (Auszug der Heilpflanze in Weingeist) oder Shampoo verwendet werden. Außerdem gibt es die so genannte „Urtikation“, bei der schmerzende Stellen mit dem Kraut geschlagen werden. Für einen Tee 1 TL Droge mit 150 ml siedend heißem Wasser übergießen und 10 Minuten bedeckt stehen lassen. Nach dem Abseihen sollte man 3- bis 4-mal täglich 1 Tasse trinken.

Kontraindikationen und Nebenwirkungen: Harntreibende Mittel (Aquaretika) sind kontraindiziert bei Ödemen infolge eingeschränkter Herz- und Nierentätigkeit. Nebenwirkungen sind nicht bekannt.

Anekdoten und Besonderheiten: Cäsars Truppen haben die Brennnessel als Gesundheitselixier in die nordindischen Provinzen eingeführt. Aus den Fasern der Pflanze stellten sie Taue und Bekleidung her. Noch 1918 zahlte die Berliner Nesselbaugesellschaft hohe Prämien für jeden, der die Brennnessel anbaute und sie erntete, da man das Heer damals mit Unterbekleidung aus Nesselstoff versorgte.
Die Brennnessel galt schon seit jeher als kräftigend und deshalb mischte man auch den Tieren den Samen unter das Futter. Im Garten wird die ganze Pflanze heute noch als Sud angesetzt und als Biodünger verwendet. Sie ist zudem eine der wichtigsten Schmetterlingspflanzen. Die Raupen von Admiral, dem kleinen Fuchs und dem Tagpfauenauge fressen fast ausschließlich die Blätter dieser Pflanze.

Rezepte

Brennnesselblätter kann man vorsichtig auswalken und in Bierteig panieren. Sie können auch wie Spinat gedünstet werden – zusammen mit etwas Schmand eine gesunde Köstlichkeit.

Brennnesselsamen schmecken gut in der Suppe, im Müsli oder im Salat.

Brennnesselsamenwein (frei nach Hildegard von Bingen): ca. 25 g leicht gemörserte Brennnesselsamen mit ¾ l Weißwein, 3 EL Bienenhonig und 2–3 Gewürznelken in eine Weithalsflasche geben, 3 Wochen auf die Fensterbank stellen und täglich schütteln, nach dieser Zeit durch einen Kaffeefilter abfiltern; während 3 Wochen täglich 1 Likörglas davon trinken.

Steckbrief:

Spitzwegerich Plantago lanceolata

Name und Familie: Der Spitzwegerich gehört zu der Familie der Wegerichgewächse, Plantaginaceae und wird auch Heufressa, Spießkraut, Wegetritt, Ripplichrut, Rossrippe genannt. Das altdeutsche „rich" bzw. „rik" heißt übersetzt „Herrscher", „Spitz-weger-rich" kann also mit „aufrechter Herrscher am Wegesrand" übersetzt werden. *Plantago* stammt aus dem Griechischen und heißt übersetzt „Fußsohle".

Standort und Botanik: Der Spitzwegerich ist eine unserer häufigsten Heilpflanzen und wächst fast überall, auf Wiesen, auf Feldern und an Wegesrändern. Er hat eine grundständige Blattrosette. Diese Blätter können bis zu 40 cm lang werden, sind lanzettlich und haben 3–7 deutliche Längsadern. Aus ihrer Mitte wachsen bis zu 40 cm lange, blattlose Stängel. An deren Ende sitzt eine dichte, walzenförmige Blütenähre. Aus den unscheinbaren Blüten hängen zierliche Staubgefäße heraus. Es sieht aus, als hätte die kleine Blütenähre einen Heiligenschein! Die Pflanze blüht von Mai bis September.

Neben dem Spitzwegerich (Plantago lanceolata) gibt es noch den Breit- und den Mittelwegerich (Plantago major und Plantago media). Obwohl ihre Inhaltsstoffe gleich sind, wurde dem Spitzwegerich bereits im „Macer floridus", dem Standardwerk der Kräuterheilkunde im Mittelalter größere Heilkraft zugesprochen. Der Breitwegerich wächst im Gegensatz zum Spitzwegerich vermehrt direkt auf den Wegen und nicht am Wegesrand.

Ernte der Pflanzenteile: Es werden die Blätter (folium) verwendet. Man kann sie den ganzen Sommer über ernten. Als Wildgemüse oder für Ursels legendäres Spitzwegerichsüppchen (siehe Seite 68) sollte man die Blätter im zeitigen Frühjahr vor der Blütezeit ernten.

Inhaltsstoffe, Wirkungen und Indikationen: Der Spitzwegerich ist eine Schleimstoffpflanze mit zirka 6 % Schleimen. Weitere Hauptwirkstoffe sind: Gerbstoffe, Bitterstoffe, Flavonoide, Kieselsäure und das Glykosid Aucubin (2 %). Letzteres ist in frischem Zustand ein Phytobiotikum, d. h. ein pflanzliches Antibiotikum. Die Pflanze wirkt hustenhemmend und reizlindernd, zusammenziehend und entzündungshemmend. Durch die antibiotische Wirkung des Aucubins kann der Spitzwegerich gegen verschiedene bakterielle Erreger eingesetzt werden. Die Wirkung soll sogar teilweise der von Penicillin entsprechen. Das Aucubin ist allerdings nur in frischem Zustand wirksam. Den antibiotischen Inhaltsstoff entdeckte man, als man bemerkte, dass ein Saft aus Spitzwegerich nicht schimmelt. Bei Erhitzung, z.B. wenn man aus der Pflanze einen Tee kocht, wird das Aucubin zerstört. Dann können aber noch andere Inhaltsstoffe zum Tragen kommen.

Innerlich angewendet wirkt die Pflanze vor allem bei Reizhusten (speziell bei Kindern), Bronchitis und Asthma und bei Entzündungen des Mund- und Rachenraumes. Äußerlich dient die Pflanze z.B. als blutstillendes Wiesenpflaster (auf Grund des Glykosids Aucubin), hilft bei Hieb- und

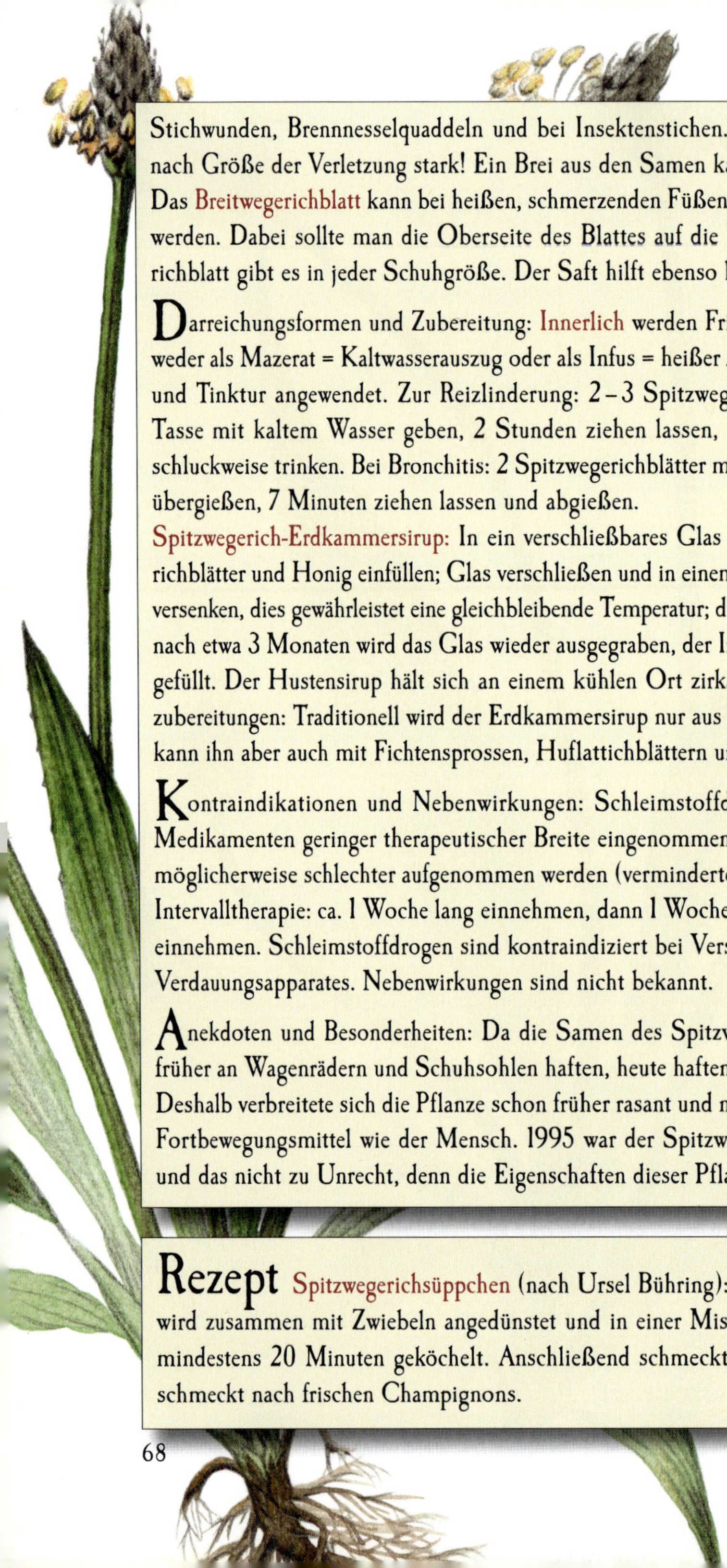

Stichwunden, Brennnesselquaddeln und bei Insektenstichen. Achtung: Hilft gut, brennt aber je nach Größe der Verletzung stark! Ein Brei aus den Samen kann Splitter austreiben.
Das Breitwegerichblatt kann bei heißen, schmerzenden Füßen als Blatteinlage in die Schuhe gelegt werden. Dabei sollte man die Oberseite des Blattes auf die Fußunterseite legen. Das Breitwegerichblatt gibt es in jeder Schuhgröße. Der Saft hilft ebenso bei Wunden und Insektenstichen.

Darreichungsformen und Zubereitung: Innerlich werden Frischpflanzensaft, Tee (zubereitet entweder als Mazerat = Kaltwasserauszug oder als Infus = heißer Aufguss), Erdkammersirup, Pastillen und Tinktur angewendet. Zur Reizlinderung: 2–3 Spitzwegerichblätter zerkleinern und in eine Tasse mit kaltem Wasser geben, 2 Stunden ziehen lassen, abgießen und über den Tag verteilt schluckweise trinken. Bei Bronchitis: 2 Spitzwegerichblätter mit ca. 1 Tasse siedend heißem Wasser übergießen, 7 Minuten ziehen lassen und abgießen.
Spitzwegerich-Erdkammersirup: In ein verschließbares Glas abwechselnd zerkleinerte Spitzwegerichblätter und Honig einfüllen; Glas verschließen und in einem ca. 50 cm tiefen Erdloch im Garten versenken, dies gewährleistet eine gleichbleibende Temperatur; die Stelle sollte gekennzeichnet werden; nach etwa 3 Monaten wird das Glas wieder ausgegraben, der Inhalt durch ein Sieb gepresst und abgefüllt. Der Hustensirup hält sich an einem kühlen Ort zirka 1 Jahr. Es gibt verschiedene Sirupzubereitungen: Traditionell wird der Erdkammersirup nur aus Spitzwegerichblättern gemacht. Man kann ihn aber auch mit Fichtensprossen, Huflattichblättern und Thymiankraut mischen.

Kontraindikationen und Nebenwirkungen: Schleimstoffdrogen dürfen nicht zusammen mit Medikamenten geringer therapeutischer Breite eingenommen werden, da sonst andere Wirkstoffe möglicherweise schlechter aufgenommen werden (verminderte Resorption). Es empfiehlt sich eine Intervalltherapie: ca. 1 Woche lang einnehmen, dann 1 Woche Pause und nach Bedarf noch einmal einnehmen. Schleimstoffdrogen sind kontraindiziert bei Verschlüssen (Stenosen) im Bereich des Verdauungsapparates. Nebenwirkungen sind nicht bekannt.

Anekdoten und Besonderheiten: Da die Samen des Spitzwegerich so klebrig sind, blieben sie früher an Wagenrädern und Schuhsohlen haften, heute haften sie an Autoreifen und Motorrädern. Deshalb verbreitete sich die Pflanze schon früher rasant und nutzt auch heute noch gerne dieselben Fortbewegungsmittel wie der Mensch. 1995 war der Spitzwegerich die Arzneipflanze des Jahres und das nicht zu Unrecht, denn die Eigenschaften dieser Pflanze sind sehr vielfältig.

Rezept Spitzwegerichsüppchen (nach Ursel Bühring): Eine Handvoll Spitzwegerichblätter wird zusammen mit Zwiebeln angedünstet und in einer Mischung aus Gemüsebrühe und Milch mindestens 20 Minuten geköchelt. Anschließend schmeckt man mit Gewürzen ab. Die Suppe schmeckt nach frischen Champignons.

Die Macht der Düfte

Der Baldrian

Es geschah an einem Freitagnachmittag im Monat August. Die Pflanzen standen auf der Wiese und tranken von den goldenen Strahlen, welche die Sonne auf die Erde schickte. Das war nichts Besonderes, denn der leuchtende Ball schickte sein Licht in diesem Sommer öfter vom Himmel zu den Blumen und Kräutern hinunter. Doch an diesem Freitag kam eine Frau an der Wiese vorüber und blieb einen Moment lang stehen. Die stolze Rose begann sogleich ihren herrlichsten Duft zu verströmen, um die Aufmerksamkeit auf sich zu ziehen und siehe da, die Frau ging auf die Blume zu und roch lange an ihr.

Manchmal ist es nur ein flüchtiger Augenblick, der das Herz berührt, ausgelöst entweder durch ein Lächeln, durch den Strahl der Sonne oder durch einen vertrauten Duft. In diesem Augenblick wird man an einen Moment im Leben erinnert, an dem man einmal mit dem Glück in Berührung gekommen ist. So schien es jedenfalls gerade dieser Frau zu ergehen, denn ganz trunken von dem Duft der Rose, der ihr einen verklärten Blick ins Gesicht gezaubert hatte, schritt sie weiter.

Die Rose platzte fast vor Stolz und plusterte sich auf, wie ein Ballon, dick und rund. „Seht ihr", rief sie den übrigen Pflanzen zu, „ich kann die Menschen betören, sie schwindelig machen mit meinem Duft und ihnen ein Hauch von Glück und Erinnerung mit auf ihren Weg geben." „Pah", platzte da die Zwiebel heraus, „was heißt das schon, ich kann sie sogar zum Weinen bringen!" Der Baldrian, der diesen Streit der beiden mit angehört hatte, schüttelte über so viel Geschwätz und Unverstand nur seine zarten, hübschen Blüten. Ich kann, wenn ich will, so mächtig stinken, dachte er bei sich, dass ein jeder, der sich in meiner Nähe befände, sofort in Ohnmacht fallen würde. Doch eines wusste der Baldrian nicht, dass er nämlich schon bald die Möglichkeit haben sollte zu zeigen, was so alles in ihm steckte.

Sie kamen an einem schönen Frühlingstag. Scharenweise überfielen sie das Dorf, welches die Wiese umrahmte, auf der die Rose, die Zwiebel, der Gundermann, der Baldrian und noch einige andere Pflanzen wuchsen. Anfangs bemerkten die Menschen die neuen Gestalten gar nicht, die sich da unter sie gemischt hatten, weil diese für sie unsichtbar waren. Nur durch einen Zauber wäre es ihnen möglich gewesen die Schattenelfen, wie man diese Wesen nannte, zu sehen. Aber zu diesem Zeitpunkt wussten die Dorfbewohner noch nichts von einem geheimen Zauber, geschweige denn von Elfen. Hätten die Menschen sie sehen können, wären sie sicherlich erst einmal von ihrem Anblick entzückt gewesen, denn es waren zierliche Wesen und von einer zarten Schönheit, dass einem bei ihrem Anblick das Herz aufgehen musste. Ihr Haar war von Silberfäden durchzogen, die im Sommerlicht hell schimmerten. Sie waren einfach wunder-, wunderschön! Doch der Schein trog. Die Schattenelfen hatten es faustdick hinter den Ohren.

Sie flogen geradewegs auf die Menschen und Tiere zu und ließen sich auf ihnen nieder. Nur die Pflanzen schienen von ihnen nicht beachtet zu werden. Doch die Elfen verharrten nicht etwa still und fromm einfach an der Seite der Menschen, sondern sie fingen alsbald an, diese erheblich zu ärgern. Sie kitzelten sie hier und dort, zwickten und kniffen, schlichen sich in ihre Gedanken und sogar in ihre Träume in der Nacht. Auf diese Weise stifteten sie Unruhe und Verwirrung. Nichts war mehr wie früher. Die Menschen und Tiere wurden immer gereizter und fingen an, sich irgendwelche Ticks anzugewöhnen. Manch einer begann nervös mit der Oberlippe zu zucken, wodurch ihm ein leicht überraschter Anblick verklärter Unwissenheit im Gesicht stand. Viele Menschen fanden nachts nicht mehr in den Schlaf. Die Hunde bellten oft aus unerfindlichen Gründen und keiner kam auf die Idee, dass diese gerade eben aus ihren Träumen gerissen wurden, da sie von einer Elfe gezwickt oder von ihr wach geküsst worden waren.

Die Menschen konnten sich natürlich nicht erklären, was mit ihnen auf einmal geschah, da diese niedlichen, zarten, aber frechen Wesen für sie immer noch unsichtbar waren. Es gab ja nur eine Möglichkeit, sie zu erkennen. Aber da niemand im Dorf darum wusste, versuchten die Menschen erst, auf etlichen anderen Wegen ihre frühere Ruhe und ihren Frieden wieder zu finden. Sie suchten die Ärzte auf, die ihnen und auch ihren Tieren viele Pillen verschrieben. Als dies alles jedoch nichts nützte und sich die Unruhe in schlechte Laune und Ängste auswuchs, die Menschen sich nicht mehr konzentrieren konnten und ihnen sogar ihr Herz zu schmerzen begann, bauten sie einen Altar und brachten den Göttern, die sie für ihre plötzlichen Gefühlswandlungen verantwortlich machten, die schönsten Blumen dar, die sie finden konnten. Dazu gehörte natürlich die Rose und diese war verständlicherweise mächtig stolz, erblühte fortan in einem noch schöneren Rot und duftete betörender als je zuvor.

Sie war der festen Überzeugung, dass sie es war, die, auf dem Altar stehend, dem Übel würde ein Ende setzen können.
Aber die Tage gingen vorüber und nichts geschah. Der Frühling wurde vom Sommer abgelöst. Als die Äpfel reif wurden und sich von den Bäumen lösten, die Blätter sich gelb verfärbten und die Tage wieder kühler wurden, kündigte sich der Herbst leise an. Die Menschen im Dorf hatten ein wenig gelernt, mit ihren Eigenheiten und der Unruhe zu leben, die sie immer noch stets begleitete. Als auch die Rose endlich begriff, dass sie wohl doch nichts bewirken konnte, warf sie ihre zerzausten Blütenblätter ab und zog sich schmollend und beschämt auf ihre Wiese zurück.
Jetzt kam die Zeit des Neuen Süßen und der Zwiebelkuchenfeste. Die Äpfel wurden ausgepresst und die Frauen im Dorf fanden sich zusammen, um gemeinsam Zwiebeln zu schälen und sie zu zerhacken. Die Zwiebeln waren mächtig sauer, weil sie so lange Zeit nicht beachtet worden waren und doch ganz fest daran glaubten, durch ihre scharfe Ausdünstung Heilung bringen zu können. In gewisser Hinsicht war das auch so, denn die Frauen weinten und weinten beim Schneiden der Zwiebeln und als die Tränen flossen, wurde ihnen leichter um das Herz. So kamen nach und nach alle Kinder und auch die Männer des Dorfes, schnitten und hackten die Zwiebeln und weinten gemeinsam viele Tränen. Doch auch wenn ihnen das Weinen Linderung verschaffte, sobald die Tränen getrocknet waren, lastete die alte Unruhe wieder schwer auf ihren Herzen. So weinten sie weiter und auf dem Boden bildeten sich kleine Rinnsale, die im weiteren Verlauf zu kleinen Bächen anschwollen und den Berg hinunterflossen. Die Kinder rannten der Tränenflut hinterher, um zu schauen, wo das salzige Wasser wohl hinfließen würde. Als die Tränen den Gundermann auf der Wiese erreichten, schüttelte sich dieser erschrocken und sah angewidert auf das Nass, welches an seine Wurzeln schwappte. So etwas hatte er noch nicht erlebt. „Das gibt es doch nur am Meer", bruddelte er vor sich hin und sah Hilfe suchend zu den Kindern empor. „Wir müssen diese Pflanze retten", rief daraufhin ein kleiner Junge, und so pflückten die Kinder den Gundermann, flochten einen Kranz aus seinen Blättern und setzten sich diesen nur so zum Spaß auf den Kopf.
Da geschah plötzlich etwas Eigenartiges. Überall wimmelte es von kleinen, silbergrauen Wesen und die Kinder sahen voll Verwunderung und Entsetzen, dass diese ständig an ihnen herumzupften und obendrein auch noch schelmisch

grinsten. Durch die magischen Kräfte des Gundermanns konnten die Kinder die Elfen plötzlich sehen und sie erkannten, dass diese so lieblich, reizend und harmlos aussehenden Wesen es waren, die mit ihnen die ganze Zeit über Schabernack getrieben hatten. Bald wusste es das ganze Dorf, da nun alle mit Gundermannkränzen im Haar herumliefen, um das Übel zu erkennen.

Die Menschen wussten nun zwar um die Ursache ihrer ständigen Unruhe, aber immer noch nicht, wie sie die Verursacher wieder loswerden konnten. Der Gundermann, der den Menschen diese Art von Hellsichtigkeit ermöglicht hatte, kannte natürlich seinerseits das Kraut genau, das dazu in der Lage gewesen wäre, die Wesen zu vertreiben. Aber da er eitel und eingebildet war und den Ruhm genoss, welcher ihm gerade zukam, sagte er natürlich zu keinem ein Wort und schwieg.

Den Menschen ging es nun jedoch noch schlechter. Immer wenn sie einen Gundermannkranz auf ihren Kopf setzten und die Elfen dann sehen konnten, versuchten sie nach ihnen zu schlagen. Das sah natürlich für diejenigen, für die die Elfen unsichtbar blieben, noch grotesker aus und gab den Anschein, als litten die Leute im Dorf seit neuestem an noch schlimmeren Zuckungen, weil ihre Versuche, die Elfen abzuschütteln, die früheren Eigenheiten nur zu verstärken schienen. Die Elfen aber kicherten nur und wichen den Schlägen und Tritten behände aus, setzten sich auf eine andere Stelle des Körpers und zwickten nur noch fester zu.

Da bekam der Mond Mitleid mit den irdischen Geschöpfen und ließ auf seinem Strahl eines seiner kleinen Mondmännchen zur Erde sausen. Dieses hüpfte zu später Stunde durch die offenen Fenster der Menschen, sprang auf ihre Betten und flüsterte ihnen ganz heimlich etwas zu. Die Menschen vernahmen diese Stimme und ihnen war, als hörten sie im Schlaf und auch in den langen durchwachten Nächten den Namen des Baldrians an ihrem Ohr. Manche gingen auf die Wiese und besahen sich das Kraut, aber da es durch seine äußere Erscheinung nicht besonders auffällig war und die zarten Blüten etwas eigenartig rochen, schenkten sie der Pflanze bald keine Aufmerksamkeit mehr. Nur ein alter Mann grub einmal den Baldrian mitsamt seinen Wurzeln aus, um ihn zu Hause näher zu betrachten. Doch als er die Wurzeln in den Händen hielt, ähnelte ihr Gestank so sehr dem käsigen Geruch menschlicher Füße, die zu lange an heißen Tagen bestrumpft in Schuhen steckten, dass er sie angeekelt fallen ließ und ohne sie heimwärts zog.

Einige Tage später litt die Großmutter eines Mädchens so sehr an nervösem Herzen, dass es den Anschein hatte, als könnte sie die Nacht nicht mehr überstehen. Da entschied die Enkelin, ihrem Herzen zu folgen und den Baldrian zu suchen, denn ihr klang noch immer dieser Name im Ohr, den ihr kürzlich in der Nacht jemand deutlich zugeflüstert hatte. So ging sie auf die Wiese und grub den Baldrian mitsamt seinen Wurzeln vorsichtig aus. Dass er stank, das wusste sie ja, aber dennoch trug sie ihn tapfer zu Großmutters Haus und hängte ihn hoch über ihr Bett. Zusätzlich mischte das Mädchen einen Teil der stinkenden Wurzel mit Alkohol. Nachdem sie beide davon getrunken hatten, verspürten sie plötzlich eine wohltuende Ruhe und kurz darauf fielen sie in einen langen, entspannenden Schlaf. Unter den Schattenelfen aber kam Leben auf. Angewidert zogen sie ihre Nasen kraus und suchten verzweifelt das Weite, da sie den nach Schweißfüßen riechenden Baldrian keine Minute auszuhalten vermochten.

Als das Mädchen den Menschen in ihrem Dorf erzählte, was sie getan hatte und dass danach die Schattenelfen verschwunden waren, taten es ihr viele nach. So wurde der Baldrian vorsichtig ausgegraben, über den Betten der Menschen aufgehängt, in den Ställen der Tiere verteilt und als Getränk weitergereicht. Der Gundermann stand neidisch daneben und musste mit ansehen, wie die Menschen sich mit Hilfe des Baldrians von ihren langen Leiden befreiten und die Elfen verschwanden. Der Baldrian bat die Melisse um Hilfe, um gemeinsam die Beschwerden der besonders unruhigen Menschen zu lindern. Der Hopfen half ihm, die Dorfbewohner in den Schlaf zu schaukeln und gemeinsam mit dem Weißdorn konnte er ihre nervösen Herzen beruhigen. Der Großmutter ging es bald wieder besser und nach einiger Zeit konnte sie sogar ihr Bett verlassen. Von diesem Tage an schloss sie die mächtige Pflanze in ihr morgendliches Gebet mit ein.

Die Schattenelfen gibt es übrigens immer noch und es soll vorkommen, dass sie noch heute den einen oder anderen Menschen zu ärgern versuchen. Doch dort, wo Gundermann und Baldrian im Garten wachsen, werden die Menschen seit jener Zeit von ihnen beschützt, denn die beiden beschlossen damals, in Zukunft zusammenzuhalten. Der Gundermann wacht über die Menschen und sobald er das silbergraue Kleid einer Elfe in der Nähe erblickt, ruft er den Baldrian zu Hilfe. Gemeinsam treten sie so den zwickenden, nervigen, kleinen Wesen entgegen, um sie wild entschlossen, Seite an Seite, mit diebischem Spaß und Gestank in die Flucht zu schlagen.

Steckbrief: Baldrian Valeriana officinalis

Name und Familie: Der Baldrian gehört zu der Familie der Baldriangewächse, Valerianaceae. Er wird auch Stinkwurz, Waldspeik, Mond- und Theriakwurzel, Hexen- oder Katzenkraut genannt. Letzteres weil Katzen den Geruch von Baldrian lieben. *Valeriana* wird vom Lateinischen *valere* abgeleitet und das bedeutet „wertvoll, kräftig, gesund sein". Der Volksname Baldrian leitet sich möglicherweise vom Lichtgott Baldur ab.

Standort und Botanik: Baldrian bevorzugt feuchte Wiesen und Wälder, Flussufer und Schutthalden. Die Pflanze hat gegenständige gefiederte Blätter und blüht von Juni bis August. Ihre etwas eigenartig duftenden Blüten sind rötlichweiß und doldenartig angeordnet. Der kantige, hohle Stängel kann bis zu 1,5 m hoch werden. Die schmutzige, braune Wurzel ist kurz und walzenförmig und bildet unterirdische Ausläufer. Die Wurzel hat den typischen nach Schweißfüßen riechenden Baldriangeruch, der von der dort vorhandenen Bornylisovalerianylsäure kommt.

Ernte der Pflanzenteile: Es wird die Wurzel (radix) verwendet. Die Baldrianwurzel umfasst alle unterirdischen Pflanzenteile (Wurzeln, Wurzelstock und unterirdische Ausläufer), sie wird im September geerntet und getrocknet. Dann beginnt die Pflanze ihren typischen Geruch zu entfalten. Die zweijährige Pflanze hat am meisten Wirkstoffe.

Inhaltsstoffe, Wirkungen und Indikationen: Die Pflanze enthält vor allem ätherische Öle (u.a. Valerensäure), aber auch Valepotriate und wenig Alkaloide. Die Droge wirkt beruhigend, schlaffördernd, angsthemmend, schmerzstillend und krampflösend. Patienten sind nach der Einnahme von Baldrian nicht müde. Man kann danach auch Auto fahren. Baldrian beruhigt und „räumt innerlich auf", ohne schläfrig zu machen. Daher ist er auch eine geeignete Pflanze bei Prüfungsängsten.
Innerlich wird die Droge zur Beruhigung des Nervensystems, bei Einschlafstörungen oder sonstigen nervösen Beschwerden, bei Aufregung und Ängsten gegeben. Außerdem kommt sie bei Mattigkeit, Wetterfühligkeit, Reizblase und Bettnässen zum Einsatz. Äußerlich können Bäder mit Baldrianöl gegen Unruhezustände oder Schlafstörungen helfen. Traditionell wurde der Baldrian auch bei Wechseljahrsbeschwerden eingesetzt.

Darreichungsformen und Zubereitung: Innerlich kann die Droge als Tee, Tinktur, Tropfen, Dragees, Kapseln, Extrakt, Presssaft oder Wein eingenommen werden. Teezubereitung: 1 TL klein geschnittene Wurzel mit 1 Tasse Wasser 1 Stunde lang leicht kochen lassen; den Topf von der Herdplatte nehmen, 2 – 3 Stunden stehen lassen und anschließend abgießen. Äußerlich wird sie als Öl, Extrakt oder als Badezusatz angewendet, hierzu empfiehlt Mannfried Pahlow: 100 g Baldrianwurzel in 1 l Wasser 10 – 12 Stunden ziehen lassen, abseihen und ins Badewasser geben.

Kontraindikationen und Nebenwirkungen: Eine Über- oder Unterdosis kann die gegenteilige Wirkung (Unruhe, Schlafstörungen) hervorrufen.

Anekdoten und Besonderheiten: Im Mittelalter war Baldrian ein Allheilmittel und wurde auch gegen die Pest eingesetzt. In der Mythologie der nordischen Völker wehrte der Baldrian das Böse ab und hielt böse Hexen und den Teufel fern.

Rezept

Für einen beruhigenden Tee (nach Ingeborg Stadelmann) 10 g Baldrianwurzel mit 5 g Hopfen, 20 g Melissenblättern und 10 g Rosenblättern mischen. 1 TL dieser Mischung mit 1 Tasse heißem Wasser übergießen, 10 Minuten ziehen lassen, 3-mal täglich 1 Tasse trinken.

Steckbrief:

Gundermann *Glechoma hederacea*

Name und Familie: Der Gundermann gehört zu der Familie der Lippenblütengewächsen, Lamiaceae. Weitere Namen sind: Gundelrebe, Hederich, Soldatenpetersilie, Zickelskräutlein, Donnerrebe, Blauhuder oder Erdefeu. „Gunt" ist die althochdeutsche Bezeichnung für Eiter. Der Name ist vermutlich darauf zurückzuführen, dass die Pflanze früher gegen eiternde Wunden und Geschwüre eingesetzt wurde.

Standort und Botanik: Der Gundermann liebt es feucht und ist eine ausdauernde Pflanze. Er wächst in ganz Europa und Westasien an schattigen, feuchten Stellen, z.B. auf Wiesen, an Wegrändern, auf Brachland und in alten Gärten. Die nicht blühenden, vierkantigen Stängel kriechen als wurzeltreibende Ausläufer am Erdboden entlang. Alle blühenden Teile sind aufgerichtet. Die gegenständigen Blätter sind nieren- bis herzförmig. In den Blattachseln befinden sich violette Blütenscheinquirle, die Einzelblüten haben einen dunkleren Fleck auf der Unterlippe. Wenn man die Blüten und den Stängel zerreibt, entsteht ein unangenehmer Geruch. Die Pflanze blüht von März bis Juni.

Ernte der Pflanzenteile: Man verwendet das blühende Kraut (herba). Der Gundermann wird zur Blütezeit im Frühjahr geerntet.

Inhaltsstoffe, Wirkungen und Indikationen: Die Pflanze enthält ätherische Öle, Bitterstoffe, Gerbstoffe, Saponine, Vitamin C und Mineralstoffe (Kalium). Sie wirkt hustenlindernd, wundheilungsfördernd, ausleitend, harntreibend.
Innerlich: In der Volksheilkunde wurde das Kraut bei Bronchialkatarrh und bei Lungenerkrankungen eingesetzt. Der Gundermann ist eine hervorragende Hustenmedizin, er löst den Schleim und eignet sich sehr gut bei chronischem, hartnäckigem Husten und Schnupfen. Man behandelt mit ihm sowohl Schleimhauterkrankungen der Nase als auch Entzündungen im Hals. Bei Bleivergiftungen ist die Pflanze das Mittel der Wahl, denn sie fördert die Ausschwemmung des Schwermetalls. Äußerlich dient Gundermann zur Wundbehandlung bei eitrigen Wunden und zum Gurgeln bei Mund- und Rachenentzündungen. Das frisch gequetschte Kraut wirkt schmerzlindernd bei Entzündungen und bei rheumatischen Erkrankungen. Traditionell: Im Mittelalter gab man das Kraut den Schwindsüchtigen, außerdem wurde es bei Magen- und Darmbeschwerden eingesetzt.

Darreichungsformen und Zubereitung: Innerlich findet die Droge als Tee, Tinktur oder in Form von Küchenkräutern (Salat) Verwendung. Für einen Tee 2 TL Gundermann mit 250 ml siedend heißem Wasser übergießen, 7 Minuten ziehen lassen und abseihen. 1 Tasse am Tag trinken. Äußerlich: Wenn man ein Glas zu $1/3$ mit Gundermannblättchen füllt und an einen hellen, warmen Ort stellt, bildet sich am Boden eine helle Flüssigkeit. Diese wird auf die erkrankten, eitrigen Stellen aufgetragen.
Gundelrebentinktur (Gundermanntinktur): 50 – 100 g Frischpflanzen (1 – 2 Hand voll Gundermannkraut) klein schneiden und in ein Schraubdeckelglas geben, dann mit 40 – 45 %igem Alkohol auffüllen. 3 Wochen verschlossen an einem warmen, hellen Ort stehen lassen – nicht in die pralle Sonne stellen! Täglich schütteln und nach 3 Wochen abseihen. In dunkle Tropffläschchen füllen. Davon nimmt man bei Bedarf 3-mal 30 Tropfen, Kinder die Hälfte.
Für einen Gundermann-Badesud (nach www.kaesekessel.de/kraeuter/g/gundermann) 5 Hand voll Gundermannkraut in 5 l Wasser aufkochen und abseihen, den Sud ins Badewasser geben. Das Bad wirkt schmerzlindernd bei Rheuma und Gicht.

Kontraindikationen und Nebenwirkungen: Wenn man den Tee oder die Tinktur nicht überdosiert, sind keine Nebenwirkungen zu erwarten. Bei Pferden hingegen wurden Schweißausbrüche, Zittern, Schleimausfluss aus dem Maul und sogar Todesfälle registriert. Der Bitterstoff Glechomin wird dafür verantwortlich gemacht. Da dieser noch nicht gänzlich erforscht ist, ist Vorsicht bei der Dosierung angezeigt.

Anekdoten und Besonderheiten: Durch den Tee können Giftstoffe aus dem Körper geschwemmt werden. Büchsenmacher und Maler nutzten früher die entgiftende Wirkung des Gundermanns, um einer eventuellen Bleivergiftung vorzubeugen. Die Gundelrebe war den Kelten und Germanen heilig. Man sagte, unter seinen dunkelgrünen Blättchen hielten sich gerne mit dem Hof verbundene Geister und Heinzelmännchen auf. Es wird erzählt, dass der Gundermann hellsichtig machen kann und wenn zur Walpurgisnacht Gundermannkränze im Haar getragen werden, vermag man jede Hexe im Dorf zu erkennen. Wegen seiner Bitterstoffe wurde der Gundermann früher, vor der Entdeckung des Hopfens, zur Konservierung des Bieres verwendet.

Rezept Wiesen-After-Eight (nach Ursel Bühring): Gundermannblättchen auf beiden Seiten mit flüssiger, heißer Schokoladenkuvertüre bestreichen, auf ein mit Backpapier ausgelegtes Backblech legen, erkalten lassen und ins Gefrierfach legen.

Wildkräuterweihnacht

Gänseblümchen, Brunnenkresse und Co.

Es war Winter geworden in der Natur. Die Farben der Pflanzenwelt beschränkten sich nur noch auf ein spärliches Grün und ein Gemisch aus braunen und grauen Tönen. Nur vereinzelt blitzte hier und dort noch manchmal eine andere Farbe auf. Inmitten der kalten Jahreszeit blühte da plötzlich die Zaubernuss. Mit ihren gelben, langgestreckten Blütenblättern trotzte sie dem sonstigen Allerlei. Einige Pflanzen wie beispielsweise das Gänseblümchen, der Gundermann oder der Wegerich waren übrig geblieben, diejenigen, denen die klirrende Kälte nichts anhaben konnte. Sie harrten aus, stolz und unermüdlich standen sie da und trotzten Jahr um Jahr Kälte, Eis und Schnee.

Andere blieben den ganzen langen Winter über verschwunden. Sie zogen sich zurück in den Schoß der Mutter Erde, dort fanden sie Geborgenheit und Schutz vor Kälte und Durst. Erst die wärmenden Strahlen der Frühlingssonne würden sie im kommenden Jahr wieder nach oben locken.

Der Winter war nicht sehr beliebt bei den Pflanzen. Er war meist recht kalt und es war auch etwas einsam ohne die Schmetterlinge und die Bienen, die den Pflanzen im Sommer immer von ihren Erlebnissen und Abenteuern berichteten, wenn sie sich auf ihnen niederließen. Die verbliebenen Kräuter vermissten den Lärm der Insekten, den ihre Flügel verursachten, wenn sie beim Start in die Lüfte leicht hin und her zu schwingen begannen. Beinahe klang es wie Musik, die ihr Herz zu erfüllen und zu beglücken vermochte.

Eines Tages, als der Breitwegerich wieder einmal seinen Unmut äußerte und sich laut fragte, wie es wohl den Menschen in jener Zeit erginge, lachte der Gundermann, der an seiner Seite stand und gab ihm zur Antwort: „Die Menschen sitzen am Ofen und wärmen sich." „Nein!", rief das Gänseblümchen dazwischen, „sie machen eine Schneeballschlacht und bauen einen Schneemann in ihrem Garten." Da wünschte sich der Wegerich, dass es doch wenigstens schneien würde. Die weißen Flocken waren immer so anschmiegsam gewesen, sie hatten ihn schon so manchen Winter über zart berührt und er hatte sich jedes Mal beschützt und geborgen gefühlt, wenn ihn der weiße Flaum einhüllte und es vermochte, ihn sacht in das Land der Träume hinüber zu geleiten. Doch heute fand er weder Schlaf, noch wurde er von irgendjemandem beschützt. Es war trostlos. Er, der Breitwegerich stand auf einer braunen, dreckigen Wiese, zusammen mit ein paar anderen frierenden Kräutern, und langweilte sich erbärmlich.

„Seht ihr denn nicht", riss ihn die Stimme einer Tanne aus seinen trüben Gedanken, „wie heilig und verzaubert diese Zeit gerade ist? Ich kann euch sagen, was die Menschen in dieser Zeit treiben. Sie feiern Weihnachten! Ich weiß das, weil sie zuweilen unsereins aus dem Wald holen und zu diesem Fest in ihre Stube stellen." „Weihnachten", wiederholten die Pflanzen im Chor, „was ist das?" „Weihnachten", antwortete die Tanne, „ist eine ganz besondere Zeit im Jahr. Es ist das Fest der Liebe, man schenkt sie und sie kommt wieder zu einem zurück. Es werden Wünsche erfüllt, die von Herzen kommen und manchmal geschehen selbst Wunder in dieser Zeit."

„Wir wollen auch Weihnachten feiern", riefen da die Kräuter. Mit einem Male entstand große Aufregung und Geschäftigkeit unter ihnen, sie alle wollten das Fest der Liebe kennen lernen, das angeblich so viel Glück verströmen konnte und auch noch den ein oder anderen Wunsch zu erfüllen vermochte. Doch wie sollten sie es anstellen? Wie feierte man denn Weihnachten und wen konnten sie beglücken, zum Fest der Liebe? Da hatte die Tanne zuerst eine Idee. „Wir wollen die Menschen glücklich machen." So überlegten und beratschlagten sie, wie ihnen dies gelingen könnte. Der Breitwegerich rief: „Ich könnte mich als Schuhsohle einbringen, wenn die Menschen Blasen haben vom vielen Wandern und Spazierengehen. Ich würde auf diese Weise ihre geschundenen Füße kühlen und mich wie ein Pflaster schützend um die schmerzenden Stellen legen." Danach rief die Tanne: „Ich könnte meine Arme ausbreiten und den Menschen Schutz bieten vor Eis und Schnee. Sie könnten sich bei mir unterstellen, solange, bis es aufhört zu schneien oder zu regnen." Alle fanden, dies seien gute Ideen und sie freuten sich sehr über die Einfälle der beiden. So warteten sie auf eine passende Gelegenheit, doch weder schneite, noch regnete es und außerdem kam kein

Mensch bei ihnen vorbei. Und im Übrigen hätte bei dieser Kälte wohl kaum einer seine Schuhe ausgezogen, um ein Breitwegerichblatt auf seine Füße zu legen.

Das Glück lässt sich eben nicht herbeirufen, es kommt oft leise und still, meist dann, wenn man es am wenigsten erwartet. Unverhofft und unvermittelt ist es plötzlich da, dann steht es einem zur Seite, geht ein Stück des Weges mit, bis es wieder verschwindet, genauso leise und still, wie es gekommen war.

Als die Pflanzen noch ganz versunken ihren Träumen und Gedanken nachhingen, meldete sich plötzlich das schlichte Gras zu Wort: „Ihr könnt den Menschen keine Wünsche mehr erfüllen", sprach es. „Sie können sich mittlerweile alles kaufen und deshalb haben sie keine Herzenswünsche mehr. Wenn man den eigenen Zauber verliert, löst er sich auf. Wer keine Träume mehr hat, kann sich auch nicht mehr verzaubern lassen und wer keinen Herzenswunsch mehr in sich trägt, kann ihn auch nicht erfüllt bekommen."

Da hielten die Pflanzen inne und wurden sehr still und traurig. Doch sie wussten nicht, dass die Himmelsbewohner, die für die Herzenswünsche zuständig waren, mit einem Netz auch die Gedanken und geheimen Wünsche mancher Kräuter einzufangen vermochten, die von der Erde in den Himmel schwebten.

Alsbald landete eine Krähe auf der Wiese und verkündete laut krächzend: „Wenn die Menschen nicht zu Euch kommen in dieser Zeit, müsst ihr eben zu ihnen gehen." „Aber sie haben doch keine Herzenswünsche mehr", riefen da die Pflanzen.

„Das wird sich weisen", sprach der Vogel und flog davon. Und so machten sich die Wiesenbewohner am nächsten Tag zeitig auf, um dem nächstgelegenen Dorf entgegen zu gehen. Ihr Vorhaben sprach sich schnell herum, denn Pflanzen sind sehr geschwätzig, müsst ihr wissen. Sie haben ihre geheimen Boten und flugs weiß es im näheren Umkreis jedes grüne Ding. Das war die Zeit, in der die Menschen sich kopfschüttelnd darüber

wunderten, weshalb zur kalten Jahreszeit ihre Gärten plötzlich voll von Wildkräutern waren. Die Pflanzen aber wurzelten und wollten warten. Ihre Zeit würde schon kommen, dachten sie voll Zuversicht. Nur, ob noch etwas vor Weihnachten geschehen mochte, wagte keine zu hoffen. Als die Kräuter schließlich herausfanden, dass es um viele Dorfbewohner gesundheitlich nicht sehr gut bestellt war, wussten sie sofort, was zu tun war. Doch leider nahmen die Menschen den ganzen Tag über wenig Notiz von ihnen, obgleich sie so beharrlich und gedrängt in ihren Gärten standen. So versuchten die Pflanzen ihr Glück in der Dunkelheit und besuchten die Menschen in ihren Träumen. Nacht für Nacht schlichen sie sich in ihre Gemächer, erfüllten den Raum mit ihrem Duft und bei jedem menschlichen Atemzug wurden sie in den Träumen der Nacht Wirklichkeit. Als die Menschen dann am nächsten Morgen erwachten, hatten sie von der Brunnenkresse, dem Hirtentäschel, dem Gänseblümchen oder der Schafgarbe geträumt. Die Pflanzen wurden zum Stadtgespräch des kleinen Dorfes, da sonderbarerweise ein jeder von solchen Träumen zu berichten wusste. Da endlich erinnerten sich die Menschen der Pflanzen, die dicht gedrängt seit einiger Zeit schon in ihren Gärten standen. Als sie nun aus ihren Fenstern schauten und die Pflanzen genauer betrachteten, war ihnen, als würden diese sehnsüchtig zu ihnen hinüber blicken. Und so dauerte es nicht lange, da holten die Menschen die Wildkräuter zu sich in das Haus und an den Herd.

Der Wegerich hatte vor lauter Liebe zu den menschlichen Füßen vergessen, was die anderen Kräuter alles konnten. Stolz schaute er zu ihnen hinüber.

Gundermann und Löwenzahn bereicherten das Abendessen einer armen Bauernfamilie um eine köstliche Wildkräuterbutter. Zusammen mit Salz und Zitronensaft wurden sie zu Brot und Kartoffeln gegessen. Die Brunnenkresse wurde von den Menschen getrocknet und zu Niespulver verrieben, um auf diese Weise Entzücken und Wohlbefinden zu verbreiten. Zuweilen half sie den Erdenbewohnern, wenn diese sich erkältet hatten. Dann entfaltete sie all ihre heilenden Kräfte und machte beispielsweise eine alte Frau wieder gesund, die einen schlimmen Schnupfen bekommen hatte. Die Brunnenkresse galt als kleiner Ersatz für die fehlenden Sonnenstunden in der Winterzeit.

Das Gänseblümchen mochte vor allem die Kinder und kümmerte sich um deren Husten und verletzte Haut.

Schließlich half die Schafgarbe einem alten Mann, der schon so viel Alkohol getrunken hatte, dass er davon Leberschmerzen bekam. Seine Frau machte ihm Wickel mit dem Tee dieser Pflanze. Man könnte noch viele pflanzliche Wunder aufzählen, aber irgendwann soll eine Geschichte ja auch zu Ende erzählt werden. Deshalb müssen die übrigen Anwendungen der Pflanzen und ihre Wirkungen in anderen Büchern nachgelesen werden.

Die Wildkräuter hatten Weihnachten ganz vergessen, so beschäftigt waren sie mit ihren neuen Aufgaben gewesen und plötzlich war es Heilig Abend geworden. Sie feierten zusammen mit den Menschen, zu denen sie eine enge Beziehung geknüpft hatten und als sie gewahr wurden, dass es ihnen nun doch noch gelungen war, Wünsche zu erfüllen, waren sie sehr gerührt und glücklich. Da wussten sie, dass ihr Weihnachtswunsch jetzt in Erfüllung gegangen war.

Von Langeweile war schon lange nicht mehr die Rede gewesen. Was die Menschen anbelangt, so sind und bleiben die Gesundheit und ein gutes Essen doch ihr oberstes Gut und ihr größter Genuss und werden sicher immer auch Herzenswünsche bleiben.

Es war Weihnachten auf Erden und plötzlich fielen dicke weiße Flocken vom Himmel herab, bedeckten Land und Häuser mit weißem Puder und im Schein des Kerzenlichtes tanzten die Kristalle der Nacht. In heiligen und verzauberten Zeiten geschehen eben hin und wieder Dinge, die man nicht für möglich gehalten hätte. Vielleicht vermögen die Himmelsbewohner es eben doch, ein klein wenig in das Schicksal auf Erden einzugreifen.

Steckbrief:

Gänseblümchen Bellis perennis

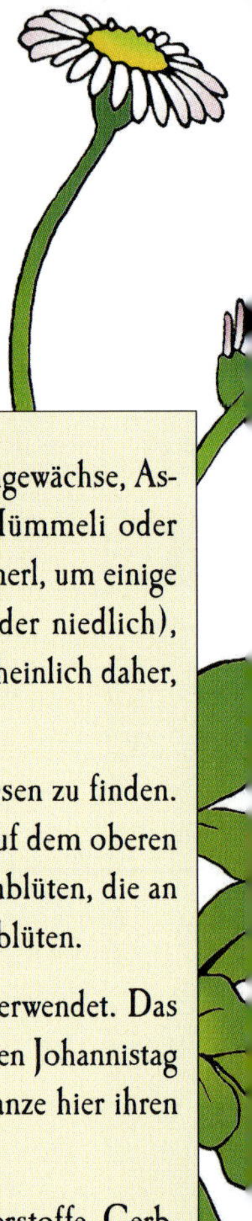

Name und Familie: Das Gänseblümchen gehört zu der Familie der Korbblütengewächse, Asteraceae (Compositae). Es hat viele Namen: Maßliebchen, Tausendschön, Mümmeli oder Maiblume, Sonnentürchen, kleines Wundkraut, Himmelsblume oder Angerbleamerl, um einige zu nennen. *Bellis* leitet sich ab vom lateinischen *bellus* (= schön, hübsch oder niedlich), *perennis* bedeutet „ausdauernd, mehrjährig". Der deutsche Name kommt wahrscheinlich daher, dass Gänse das Pflänzchen gerne verzehren.

Standort und Botanik: Das Gänseblümchen ist überall in Gärten und auf Wiesen zu finden. Es hat eine dichte Blattrosette, aus der ein blattloser Stiel (bis zu 10 cm) ragt. Auf dem oberen Ende des Stieles sitzt ein Blütenkörbchen. Es besteht außen aus weißen Strahlenblüten, die an der Unterseite oft rötlich gefärbt sind, in der Mitte befinden sich gelbe Röhrenblüten.

Ernte der Pflanzenteile: Es werden die Blüten (flos) und die Blätter (folium) verwendet. Das Gänseblümchen kann man das ganze Jahr hindurch sammeln. Um den 24. Juni – den Johannistag – herum gesammelt, hat es die größte Heilwirkung, da die Entwicklung der Pflanze hier ihren Höhepunkt hat. Die Pflanzenteile werden an der Luft getrocknet.

Inhaltsstoffe, Wirkungen und Indikationen: Die Pflanze enthält Saponine, Bitterstoffe, Gerbstoffe, Flavonoide, Vitamin C, Schleimstoffe und wenig ätherisches Öl. Sie wirkt schleimlösend und fördert das Abhusten, sie ist entzündungshemmend, zusammenziehend und stoffwechselanregend. Außerdem hilft sie gegen Juckreiz und Schmerzen.
Das Gänseblümchen wird innerlich bei festsitzendem Husten mit Schleim angewendet, außerdem bei Verdauungsbeschwerden und Stoffwechselleiden. Äußerlich angewendet hilft es bei Insektenstichen, Ekzemen oder Milchschorf. Traditionell wird die Pflanze in der Volksheilkunde zur Appetitanregung und als Magen-, Galle- und Lebermittel verwendet.

Darreichungsformen und Zubereitung: Ein Tee aus Gänseblümchen wirkt schleimlösend und hat sich vor allem in der Kinderheilkunde bewährt. Äußerlich kann er als Umschlag verwendet werden.
Volksmedizinischer Tee zum Auftragen auf die Haut bei verletzten Stellen oder Ausschlägen: 2 TL getrocknete Droge mit 250 ml heißem Wasser übergießen und 10 Minuten ziehen lassen, abseihen. Gegen unreine Haut hilft ein Mazerat aus Gänseblümchen- und Stiefmütterchenkraut

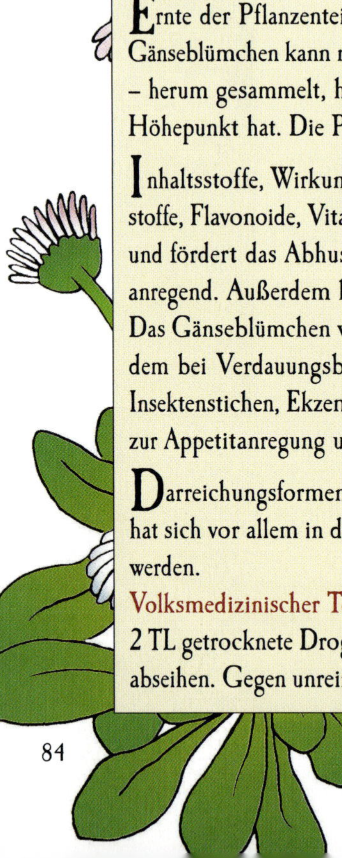

nach M. Pahlow: (Mischung 1 zu 1). Je 1 EL der Pflanzen mit 1 l zimmerwarmem Wasser ansetzen und über Nacht (ca. 10 Stunden) ziehen lassen, danach abseihen. Das Mittel kann zum Waschen verwendet werden. Es hilft auch bei Juckreiz und Ekzemen. Wiesenwundpflaster: Blätter und Blüten zerdrücken und als Blattumschlag auf kleinere Schürfwunden oder auf Insektenstiche legen.

Kontraindikationen und Nebenwirkungen: sind nicht bekannt.

Anekdoten und Besonderheiten: Ein Aberglaube keltischer Herkunft besagt, dass der Verzehr dieser Pflanze das Wachstum hemmt. In einer irischen Sage gibt die Fee Milkah dem Königskind heimlich Gänseblümchen zu essen, damit es nicht erwachsen wird. Man sagt auch, dass, wer die ersten drei Gänseblümchen im Frühjahr isst, das ganze Jahr von Zahnschmerzen, Augenbeschwerden und Fieber verschont bleibt. Wenn wir auf 7 Gänseblümchen gleichzeitig treten können, ist Frühling. Kinder lieben das widerstandsfähige Gänseblümchen, das fast das ganze Jahr über auf den Wiesen wächst. Sie flechten aus den Blumen Haarkränze oder zerrupfen die Blüten mit dem Zählreim „er liebt mich, er liebt mich nicht“. Eine kleine Zauberei: Wenn man geschlossene Gänseblümchenblüten in kochend heißes Wasser oder in eine Suppe gibt, öffnen sich sogleich ihre Blüten.

Rezepte

Hustentee zum Selberpflücken: 35 g Gänseblümchen, 35 g Schlüsselblumenblüten und 30 g Veilchenblüten mischen, 1 TL mit 1 Tasse siedend heißem Wasser übergießen und 10 Minuten bedeckt ziehen lassen, abseihen und 2-mal täglich 1 Tasse Tee trinken.
Gänseblümchenhonig: Leeres Glas abwechselnd mit Gänseblümchenblüten und Honig randvoll schichten. An einer dunklen, warmen Stelle 2 – 3 Wochen aufbewahren und ab und zu umdrehen, danach abseihen. Kann bei Husten (besonders bei Kindern) bis zu 4-mal täglich 1 TL verabreicht werden.
Gänseblümchenkapern (nach www.mdr.de/mdr-garten): 200 g Gänseblümchenblütenknospen werden mit 300 ml Essig kurz aufgekocht und noch warm mit einer Prise Salz in gut verschließbare Gläser gefüllt. Nach 5 – 6 Tagen kann man die Gänseblümchenkapern essen.
Wildkräuter-Frühlingssalat: Gänseblümchenblätter, junge Schlüsselblumenblätter, junge Löwenzahnblätter, Pimpinellenblätter und Blätter vom Guten Heinrich waschen und klein schneiden. Dressing aus 1 EL Essig und 2 EL Öl, 1 TL Gänseblümchenhonig oder Marmelade, wenig Senf und einer Prise Salz zubereiten und über die Wildkräuter geben. Mit den Gänseblümchenblüten und Schlüsselblümchenblüten verzieren. Gänseblümchen sind immer eine gesunde Dekoration für jeden Salat.

Steckbrief: Brunnenkresse

Nasturtium officinale

Name und Familie: Die Brunnenkresse gehört zu der Familie der Kreuzblütengewächse, Brassicaceae (Cruciferae). Sie wird auch Bachbitterkraut, Wasserkresse, Bitterkresse, Wassersenf, Paderkerse oder Weiße Kresse genannt. *Nasturtium* ist abgeleitet vom lateinischen *nasus* = Nase und *torquere* = quälen. Der Name stammt wohl daher, dass die Pflanze in getrockneter und pulverisierter Form starkes Niesen hervorruft. Die deutsche Bezeichnung Brunnenkresse kommt vermutlich vom mittelhochdeutschen „brunne" = Quelle, Quellwasser und vom althochdeutschen „kras" = gras. Kresse könnte aber auch vom lateinischen *crescere* (= wachsen) abgeleitet sein.

Standort und Botanik: Die Brunnenkresse wächst am und im Wasser. Die 30 – 90 cm langen Triebe kriechen dicht über der Wasseroberfläche, am Ende richten sie sich auf. Die Stängel sind kantig-gefurcht, innen hohl und tragen grüne, fleischige Blätter, die rundlich und unpaarig gefiedert sind. Ihre weißen Blüten sind doldentraubig angeordnet und besitzen gelbe Staubbeutel. Die Pflanze blüht von April bis Juni. Die Brunnenkresse mag langsam fließende, saubere Gewässer und kommt meist in Bächen, Flüssen, Quellen und Gräben vor. Sie kann leicht mit dem bitteren Schaumkraut (Cardamine amara) verwechselt werden. Es kommt an den gleichen Stellen vor und sieht der Brunnenkresse sehr ähnlich. Im Gegensatz zur Brunnenkresse hat das bittere Schaumkraut violette statt gelbe Staubbeutel und der Stängel ist nicht wie bei der Brunnenkresse innen hohl. Eine Verwechslung ist nicht tragisch, da Wirkung und Geschmack dieser Pflanzen ähnlich sind.

Ernte der Pflanzenteile: Verwendet werden die frischen oberirdischen Teile der Pflanze, die Blätter (folium) und das Kraut (herba). Gesammelt wird im Frühjahr während der Blütezeit, aber das Kraut kann man auch das ganze Jahr über ernten. Nur die frische Brunnenkresse ist wirksam, deshalb ist das Trocknen der Pflanze nicht sinnvoll. Stattdessen wird auch der Frischsaft verwendet, der konserviert werden kann.

Inhaltsstoffe, Wirkungen und Indikationen: Die Pflanze enthält Glukosinolate (Senfölglykoside), z.B. Glukonasturtiin, und viel Vitamin C; außerdem die Vitamine A, D und E, Bitter- und Gerbstoffe sowie Spurenelemente wie Eisen, Jod und Schwefel. Durch die antibakterielle Wirkung der Glukosinolate ist die Brunnenkresse ein Phytobiotikum (ein pflanzliches Antibiotikum). Sie wirkt außerdem stoffwechselfördernd, appetitanregend, Leber und Galle anregend, abwehrsteigernd und schleimlösend. Die Brunnenkresse wird besonders bei Katarrhen der Luftwege und bei Infekten der ableitenden Harnwege eingesetzt, aber auch bei gestörter Leber- und Gallenfunktion. Als Frühjahrskur wird sie zur Verbesserung des Stoffwechsels gegeben, u.a. bei rheumatischen Beschwerden und bei Gicht.

Darreichungsformen und Zubereitung: Die Pflanze wird als Kraut dem Salat beigegeben oder als Frischsaft verwendet. Dazu die frischen Triebe über den Salat geben oder frische Blätter entsaften und den Saft trinken.

Kontraindikationen und Nebenwirkungen: Bei Magen- oder Darmgeschwüren oder entzündlichen Nierenerkrankungen sollte die Brunnenkresse nicht angewendet werden, ebenso nicht bei Kindern unter 4 Jahren und Schwangeren. Brunnenkressezubereitungen sollten nicht länger als 4 – 6 Wochen eingenommen werden. Die Glukosinolate können sonst die Schleimhäute reizen. So kann es bei Überdosierung zu Reizungen der Magenschleimhaut und der Nieren kommen.

Anekdoten und Besonderheiten: Die Brunnenkresse wurde bereits in der Antike geschätzt. Im Mittelalter galt sie wegen ihrer vielfältigen Wirkungsweisen als Universalheilkraut, deshalb wird sie bereits in den mittelalterlichen Klosterbüchern beschrieben und verehrt. In sonnenärmeren Gegenden wie England wurde die Pflanze als wichtiger Vitamin-C-Träger geschätzt. In getrockneter, pulverisierter Form kann man den „Nasenschinder“ (= Nasi tortium, s.o.) als Niespulver benutzen. So wurde sie für manchen Kinderstreich eingesetzt.

Rezepte Die feingehackten Blätter können einfach aufs Butterbrot gestreut oder zum Salat dazu gegeben werden.

Brunnenkresse-Kartoffelsuppe: 1 große Kartoffel würfeln und in einem knappen Liter Gemüsebrühe weich köcheln. 1 Bund kleingehackte Brunnenkresseblätter in Butter andünsten und zusammen mit einem halben Becher Sahne und etwas Butter in die Brühe geben, pürieren. Nochmals kurz erwärmen. Mit Salz, Pfeffer und Muskat abschmecken, mit frischen Kräutern bestreuen und servieren.

Steckbrief:

Hirtentäschel

Capsella bursa-pastoris

Name und Familie: Das Hirtentäschel gehört zur Familie der Kreuzblütengewächse, Brassicaceae (Cruciferae). Es wird unter anderem auch Bauernsenf, Herzkraut, Taschenkraut oder Säcklichrut genannt. Der lateinische Name bedeutet *capsella* = kleine Kapsel, *bursa* = Tasche und *pastor* = Hirte. Die Samentaschen des Krautes sehen ähnlich aus, wie früher die Taschen der Hirten. Vermutlich ist so der Name entstanden.

Standort und Botanik: Das Hirtentäschel wächst auf Äckern und Schuttplätzen, an Wegen, auf Böschungen, Ödland und sogar in kleinen Mauerritzen. Es ist in ganz Europa und besonders in Österreich weit verbreitet. Das Hirtentäschel ist zweijährig und hat eine löwenzahnähnliche, behaarte, fiederspaltige Blattrosette. Die Stängel werden bis zu 40 cm lang, sind verzweigt oder einfach und tragen wenige sitzende Blätter. Man kann an einer Pflanze sowohl Knospen, Blüten als auch Früchte finden. Die Blüten sind klein und weiß, die Samen sind herzförmige Schötchen. Die Pflanze blüht von März bis November und ist sehr genügsam.

Ernte der Pflanzenteile: Verwendet wird das Kraut (herba). Die beste Erntezeit ist das Frühjahr, aber es kann auch das ganze Jahr über geerntet werden.

Inhaltsstoffe, Wirkungen und Indikationen: Die Pflanze enthält viele Flavonoide, Phenylcarbonsäuren, Glukosinolate und ist reich an den Mineralstoffen Kalium und Kalzium, diese schwanken jedoch sehr im Gehalt. Das Vorkommen biogener Amine ist umstritten, es wird diskutiert, ob dies mit Verunreinigungen durch den häufigen Pilzbefall der Pflanze zusammenhängt. Das Hirtentäschel hat sowohl eine blutstillende als auch eine blutreinigende Wirkung.

Innerlich: Das Hirtentäschelkraut hat seinen festen Platz in der Frauenheilkunde und wird dort als blutstillendes Mittel beispielweise bei zu starker Menstruationsblutung (Hypermenorrhö) angewandt. Außerdem wirkt das Kraut regulierend auf Herz und Kreislauf. Besonders bei älteren Menschen wird es gerne sowohl bei niedrigem als auch bei zu hohem Blutdruck eingesetzt. Äußerlich kann man es bei kleineren blutenden Hautverletzungen, bei Zahnfleischbluten, zur Mund- und Rachendesinfektion und bei schlecht heilenden Wunden anwenden. Gegen Nasenbluten hilft es, wenn man den Tee hochschnupft. Traditionell: In der Volksheilkunde wird das Hirtentäschel noch als Frühjahrskur eingesetzt.

Darreichungsformen und Zubereitung: Das Kraut kann als Tee oder als Tinktur eingenommen oder das Frischblatt gegessen werden. Nach Heide Fischer reicht bei Hypermenorrhö der Tee oft nicht aus, deswegen empfiehlt sie eine Tinktur einzunehmen (mit 3-mal 20 Tropfen beginnen und nach Bedarf auf mehrmals täglich 30 – 40 Tropfen steigern).

Für die äußerliche Anwendung in Form von Umschlägen wird ein Tee-Aufguss bereitet. Die frischen Blätter werden im Frühjahr über den Salat gegeben oder als Saftkompresse bei oberflächlich blutenden Wunden verwendet.

Tee zur äußerlichen Anwendung: 1 TL getrocknetes oder 2 TL frisches Kraut mit 150 ml siedend heißem Wasser übergießen, 7 Minuten ziehen lassen, abseihen.

Hirtentäscheltinktur: 50 – 100 g Frischpflanzen (1 – 2 Hand voll Hirtentäschelkraut) klein schneiden und in ein Schraubdeckelglas geben, dann mit 40 – 45%igem Alkohol auffüllen. 3 Wochen verschlossen an einem warmen, hellen Ort stehen lassen – nicht in die pralle Sonne stellen! Täglich schütteln und nach 3 Wochen abseihen. In dunkle Tropffläschchen füllen.

Kontraindikationen und Nebenwirkungen: Nicht in der Schwangerschaft einnehmen, da das Kraut Wehen fördern kann.

Anekdoten und Besonderheiten: Im ersten Weltkrieg wurde das Hirtentäschelkraut eingesetzt, nachdem andere blutstillende Drogen wie Mutterkorn aufgebraucht waren.

Rezept

Im Wochenbett sammeln viele Frauen gute Erfahrungen mit folgendem Tee (nach Ingeborg Stadelmann): 5 g Hirtentäschel, 10 g Frauenmantel und 10 g Melisse mischen. 1 TL dieser Mischung mit 1 Tasse heißem Wasser übergießen, 10 Minuten ziehen lassen, 3-mal täglich 1 Tasse schluckweise lauwarm trinken.

Steckbrief: Schafgarbe Achillea millefolium

Name und Familie: Die Schafgarbe gehört zu der Familie der Korbblütengewächse, Asteraceae (Compositae) und heißt unter anderem auch Soldatenkraut, Judenkraut, Achilles, Zimmermannskraut, Blutstillkraut oder Tausendblatt. Auf Grund ihrer feinen, tausendblättrigen und geschwungenen Blätter wird die Schafgarbe auch „Augenbraue der Venus" genannt. Der lateinische Name *Achillea* leitet sich vermutlich von dem griechischen Helden Achilles ab, dessen Wunden mit dieser Pflanze geheilt wurden (siehe Seite 91). *Millefolium* heißt „tausendblättrig" und weist auf die feingliedrige Struktur der Blätter hin. „Garbe" im deutschen Namen kommt vom mittelhochdeutschen „garwe" und bedeutet „Gesundmacher".

Standort und Botanik: Die Schafgarbe wächst auf Wiesen und an Wegrändern, ist sehr genügsam, meidet lediglich nasse und feuchte Böden und ist in ganz Europa zu finden. Sie ist eine Staude mit einem kriechenden Wurzelstock. Die fein gefiederten Blätter sehen federartig aus. Die unteren sind gestielt, die oberen sitzend mit basal vergrößerten Fiedern (Öhrchen). Der markige Stängel ist außen kahl bis wenig behaart und sehr fest. Die Pflanze kann bis zu 80 cm hoch werden. Die Blütenstände sind in einer rispigen Scheindolde angeordnet. Die Blütenköpfchen setzen sich zusammen aus weiß-gelben Scheibenblüten und weiß-rosa Zungenblüten. Die Pflanze blüht von Juni bis Oktober.

Ernte der Pflanzenteile: Verwendet werden das Kraut (herba) und die Blüten (flores). Man erntet die Schafgarbe von Juni bis August. Die Fiederblättchen werden aber schon im Frühsommer geerntet. Bei der Ernte leistet ein scharfes Messer gute Dienste, da die Stängel sehr fest sind, reißt man sonst die ganze Pflanze mit Wurzel aus.

Inhaltsstoffe, Wirkungen und Indikationen: Die Pflanze enthält ätherische Öle (Mono- und Sesquiterpene, Proazulene u.a.), Bitter- und Gerbstoffe, Flavonoide, Cumarine und Mineralien. Sie wirkt appetit- und verdauungsfördernd, krampflösend, entzündungshemmend, desinfizierend, wundheilungsfördernd. Auf Grund der Bitterstoffe und ätherischen Öle gehört die Schafgarbe zu den aromatischen Bittermitteln (Amara aromatica).
Sie wird innerlich als Magenmittel zur Appetitanregung gegeben und bei Verdauungsbeschwerden der Leber und Galle. Äußerlich helfen Bäder bei Menstruationsbeschwerden, außerdem wird sie zur Wundbehandlung eingesetzt.

Darreichungsformen und Zubereitung: Das Kraut kann in Form von Frischpflanzenpresssaft, als Tee, Tinktur oder Wildgemüse verwendet werden. Bei Leberbeschwerden wirkt ein Schafgarbenwickel besonders gut.

Schafgarbentee: 2 TL Schafgarbenkraut mit ¼ l siedend heißem Wasser übergießen, zugedeckt 7 Minuten ziehen lassen, abgießen, 2 – 3 Tassen täglich trinken.
Schafgarbenleberwickel: Schafgarbentee zubereiten und ein Tuch darin tränken, auswringen und dicht über der Leber anlegen, mit trockenem Tuch abdecken und Bettflasche darauf legen.

Kontraindikationen und Nebenwirkungen: Bei Kontaktallergie sollte die Behandlung abgebrochen werden. Empfindliche Menschen können bei äußerlicher Anwendung mit allergischen Hautreaktionen reagieren. Meist wird die Pflanze dann auch innerlich nicht vertragen.

Anekdoten und Besonderheiten: Die Schafgarbe ist eine der ältesten Heilpflanzen der Welt. Man erzählt sich, dass einst im trojanischen Krieg der Held Achilles von einem vergifteten Pfeil verwundet wurde. Die Göttin Aphrodite soll ihm den Rat gegeben haben, die Verletzung mit Schafgarbe zu heilen. Im zweiten Weltkrieg wurden die blutenden Wunden der Verletzten mit dem ausgepressten Pflanzensaft der Schafgarbe behandelt. Im alten China wurden ca. 1000 v. Chr. die Stängel der Schafgarbe zu einem Orakel verwendet. Dazu wurden sie nach einem bestimmten System zu einem Hexagramm gelegt und dann wurde die Zukunft vorhergesagt. Bei Nasenbluten kann man den Saft in die Nase hochziehen. Kinder benutzten die Pflanze früher manchmal, um die Schule zu schwänzen: Sie drehten ein Schafgarbenblatt in der Nase. Dies ruft Nasenbluten hervor, da die kleinen Widerhaken, die sich an den feinen Blättchen befinden, die Nasenschleimhäute verletzen können.

Rezept

Teemischung bei krampfartigen Magenbeschwerden: 20 g Schafgarbenkraut, 20 g Gänsefingerkraut, 30 g Kamillenblüten und 30 g Pfefferminzblätter mischen, 1 TL davon mit 150 ml siedend heißem Wasser übergießen und zugedeckt 7 Minuten ziehen lassen, abgießen und schluckweise trinken.

Steckbrief Gundermann Seite 76

Steckbrief Wegerich siehe Spitzwegerich Seite 66

Steckbrief Löwenzahn Seite 10

Danksagung

Ein Buch entsteht leider nicht nur, indem man Geschichten erfindet und sie niederschreibt. Der lange komplizierte Weg bis zur Veröffentlichung beginnt erst danach. Auf diesem Weg haben mich zum Glück viele Menschen begleitet. In den folgenden Zeilen möchte ich mich bedanken, auch im Namen all der Pflanzen, die hier in diesen Märchen zu Wort kommen, bei all denjenigen, die zum Gelingen dieses Buches beigetragen haben:

- ✳ Bei meinem Mann Hubertus, der mir mit Liebe und Verständnis zur Seite stand und stets ein offenes Ohr hatte, wenn es um das Märchenbuch ging,
- ✳ unseren Söhnen Nicolai und Kasimir, die immer meine ersten Kritiker und Zuhörer waren,
- ✳ Bärbel Panholzer, einer wunderbaren Freundin und der Lektorin der ersten Auflage,
- ✳ meinen „uns-Mädels" Traude Weindl, Bärbel Panholzer, und ganz besonders bei der fabelhaften Silke Schmid, die mich mit sehr herzlichem und fachkundigem Rat stets unterstützte,
- ✳ Ingeborg Stadelmann für Ihr besonderes Engagement,
- ✳ Danielle Flemming, Lektorin der zweiten Auflage, für ihr geschultes Auge und ihre wertvollen Beiträge und Kommentare,
- ✳ Bettina Buresch, die mit ihren schönen Illustrationen all den Pflanzen, Zwergen und Feen ein Gesicht verleiht

sowie bei Ursel Bühring, für ihre freundschaftliche Begleitung und für ihren hartnäckigen Wunsch, diese Märchen als Buch zu verfassen. Die ersten Ideen dafür entstanden im Rahmen der Ausbildung. Ihre Liebe zu den Pflanzen war sehr ansteckend und in ihrer Freiburger Heilpflanzenschule durfte und darf ich immer noch meinen Wissensdurst stillen! Ihr „Praxis-Lehrbuch der modernen Heilpflanzenkunde" diente als Grundlage der Pflanzensteckbriefe.

Schließlich danke ich all denjenigen, die dieses Buch weitertragen und somit die Geschichten der Pflanzen durchs Lesen und Erzählen zum Leben erwecken.

Die Autorin Gitta Schmidt arbeitet nach ihrem Germanistikstudium (Mag. phil.) zunächst beim Rundfunk. Auf Reisen entdeckt sie ihre Liebe zu den Pflanzen und absolviert an der Freiburger Heilpflanzenschule eine Ausbildung zur Heilpflanzenexpertin. Nach weiteren Fortbildungen im In- und Ausland gibt sie heute in ihrer Werkstatt „Carpe Florem" Kräuterseminare. In ihrem Heilkräutergarten und in der Natur sucht sie die Inspiration für ihre Kräutermärchen. Die Autorin lebt mit ihrem Mann, ihren zwei Kindern und ihrer Hündin Tara in Freiburg.

Kontakt und Information:
mail@carpe-florem.de, www.carpe-florem.de

Die Illustratorin Bettina Buresch studierte in München Malerei, angewandte Grafik und naturwissenschaftliches Zeichnen an der Akademie der Bildenden Künste und Kunstgeschichte an der Universität.
Seit der Studienzeit illustriert sie Lehr-, Sach-, Kinder- und Jugendbücher. Tiere, Pflanzen und Landschaften sind die liebsten Themen der aktiven Naturschützerin, die als Malerin, Buchillustratorin und -gestalterin mit Mann und drei Söhnen im lechrainischen Schongau lebt und arbeitet.

Literatur

Aichele, D. / Golte-Bechtle M.: Was blüht denn da? Stuttgart, Kosmos Verlag 1997.

Beiser, R.: La Luna Kräuterbuch. Friesenheim, Selbstverlag 2007.

Bickel G.: 365 Kräuterhexentipps. Stuttgart, Kosmosverlag 2004.

Bruns, S.: Was Großvater noch wusste. Stuttgart, Kosmos Verlag 2007.

Bühring, U.: Blütenküche. Stuttgart, Ulmer Verlag 2009.

Bühring, U.: Praxis-Lehrbuch der modernen Heilpflanzenkunde, 2. Auflage. Stuttgart, Sonntag Verlag 2009.

Bühring, U. / Sonn A.: Heilpflanzen in der Pflege. Bern, Huber Verlag 2004.

Bühring, U.: Aus Freya's Zaubergarten 1. Freiburg, Edition Achillea 1992.

Chevallier, A.: Das große Lexikon der Heilpflanzen. München/Starnberg, Dorling Kindersley Verlag 2001.

Erhardt, H.: Noch'n Gedicht. Oldenburg, Lappan Verlag 2007.

Fischer, H.: Frauenheilbuch. München, Nymphenburger Verlag 2005.

Fischer, H.: Frauenheilpflanzen. München. Nymphenburger Verlag 2006.

Hensel, W.: Welche Pflanze ist das? Stuttgart, Kosmos Verlag 2007.

Mayer, J. / Uehleke, B. / Pater Saum K.: Handbuch der Klosterheilkunde. München, Zabert Sandmann Verlag 2002.

Pahlow, M.: Das große Buch der Heilpflanzen, Sonderausgabe. Augsburg, Weltbild Verlag 2006.

Rausch, A. / Lotz B.: DuMonts kleines Kräuterlexikon. Köln, DuMont monte Verlag 2003.

Scherf, G.: Zauberpflanzen, Hexenkräuter. München, BLV Verlagsgesellschaft 2003.

Sigrist, A.: Appenzeller Kräuterapotheke. Herisau – Schweiz, Appenzeller Verlag 1997.

Storl, W.-D.: Heilkräuter und Zauberpflanzen. Aarau u. Baden, AT Verlag 2000.

Vonarburg, B.: Natürlich gesund mit Heilpflanzen. Aarau u. Baden, AT Verlag 2004.

www.heilfastenkur.de/Wegwarte [9.7.2010]

www.pta-forum.de/index.php?id=510 [1.6.2010]

Indikationsregister

Weitere Bücher aus dem Stadelmann Verlag

»Die Hebammen-Sprechstunde«
480 Seiten
€ 22,50
ISBN 978-3-9803760-6-8
Bestseller!

Die DVD zum Buch
153 Minuten,
€ 24,80
ISBN 978-3-940095-00-8

Die CD, Soundtrack der DVD
41 Minuten
€ 12,80
ArtNr 8279824

»Bewährte Aroma-mischungen«
€ 24,80
448 Seiten
ISBN 978-39803760-1-3

»Aromatherapie v. d. Schwangerschaft bis zur Stillzeit«
€ 9,60
256 Seiten
ISBN 978-39803760-3-7

»Homöopathische Haus- und Reise-apotheke«
€ 6,80
96 Seiten
ISBN 978-39803760-2-0

»Original IS Aromami-schungen«
englisch
italienisch
französisch
je € 10,00

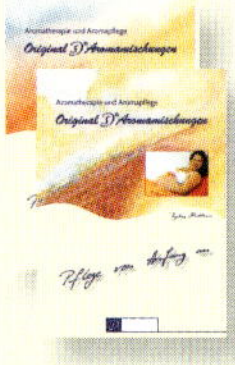

»Pflege von Anfang an«
»Pflege für das ganze Leben«
16 Seiten
je € 1,50

»Homöopathie für den Hebammen-alltag«
€ 12,80
256 Seiten
ISBN 978-3-9811304-3-0

Ruth von Braunschweig
»Pflanzenöle«
Neuauflage!
€ 19,80
232 Seiten
ISBN 978-3-9811304-4-7

Barbara Bernath-Frei
»Duft-Meditation«
€ 15,80
ISBN 978-3-9803760-9-9
Hör-CD´s: € 12,80

Forum Essenzia e. V.
»F·O·R·U·M Aromatherapie Aromapflege Aromakultur«
Zeitschriften

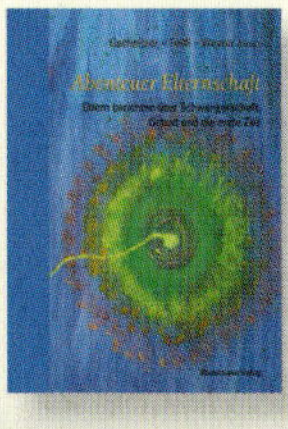

Gschnitzer/Teufl/Weyrer
»Abenteuer Elternschaft«
€ 18,80
304 Seiten
ISBN 978-3-9811304-0-9

A. Schweizer-Arau
»Hoffnung bei unerfülltem Kinderwunsch«
€ 49,80
528 Seiten
ISBN 978-3-9811304-1-6

Bücher fürs ganze Leben

www.stadelmann-verlag.de
Tel.: 0049 (0)8370-17 77

STADELMANN VERLAG